쉽게 배우는
미드저니 프롬프트 가이드북

A Guide to Midjourney Prompts with Examples

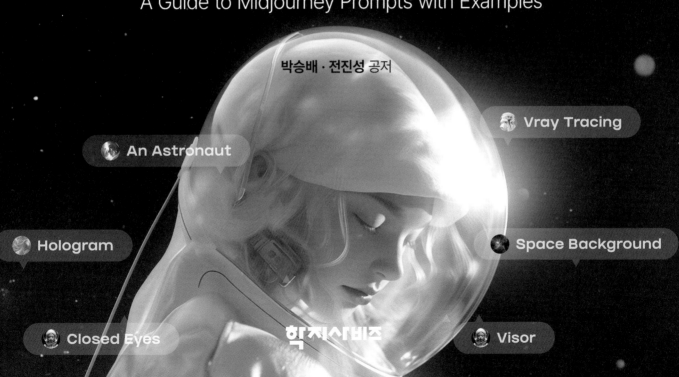

쉽게 배우는

미드저니 프롬프트 가이드북

A Guide to Midjourney Prompts with Examples

박승배 · 전진성 공저

Vray Tracing

An Astronaut

Hologram

Space Background

학지사비즈

Closed Eyes

Visor

머리말

'디자이너는 인공지능(AI)의 변화에 어떻게 대처해야 하는가?'라는 물음은 현재진행형입니다. 기술은 계속 발전하고 있기 때문에, 디자이너는 새로운 도구, 기술, 트렌드에 대한 지식을 계속해서 업데이트해야 합니다. 학습과정에 적극 참여하고 새로운 기술을 습득하여 디자이너로서의 경쟁력을 유지해야 합니다. 단순히 디자인 능력뿐만 아니라 다양한 역량을 개발하는 것이 중요합니다.
데이터 시각화, 인터랙션 디자인, 기술 이해, 윤리 및 사회적 영향 등 다양한 영역에서 역량을 키우는 것이 필요합니다. AI와 함께 작업할 때, 다양한 전문가들과의 협력이 필수적입니다. 개발자, 데이터 과학자, 비즈니스 전문가 등과 소통과 협업 능력을 향상시키면서 효과적인 팀으로 작업할 수 있어야 합니다.

AI와 관련된 디자인 결정은 윤리적인 측면을 고려해야 하며 사용자 프라이버시, 알고리즘의 공정성, 사회적 영향 등에 대한 고려와 책임은 디자이너에게 중요한 역할을 부여합니다. 향후 디자인 트렌드 및 기술 동향을 지속적으로 파악하고 예측하는 것도 중요합니다. 이를 통해 선제적으로 새로운 기회를 발견하고 경쟁 우위를 유지할 수 있습니다. 새로운 기술이나 도구를 습득하거나 적용하기 위해 능동적인 학습이 중요합니다.

AI는 자동화된 작업을 수행할 수 있지만, 창의성과 독창성은 여전히 인간의 강점입니다. 디자이너는 이러한 면에서 우수한 결과물을 만들어 내기 위해 창의적인 아이디어 발굴과 독창적인 디자인을 강화해야 합니다. 또 디자이너들은 지속적인 네트워킹 및 디자인 커뮤니티에 참여하여 다른 전문가들과 소통하고 지식을 교환하는 것이 중요합니다. 이를 통해 다양한 시각과 아이디어를 수용하며 전문적인 성장을 이룰 수 있습니다. 이러한 것들은 빠르게 진화하는 기술 환경에서 디자이너가 성공적으로 대처하고 발전할 수 있도록 도움을 줄 수 있을 거라 생각됩니다.

그러나 천 리 길도 한 걸음부터라는 말이 있듯이 이 변화의 최전선에서 무엇부터 시작해야 할까를 정확하게 판단해야 할 것입니다. 그것이 바로 미드저니(Midjourney)라고 생각했습니다. 가장 빠르게 변화를 만들어 내고 가장 정확하게 디자이너의 요구를 제공할 줄 아는 인공지능이 바로 미드저니라 생각되어 이 책을 만들게 되었습니다. 생성형 이미지 인공지능의 선두주자로서 미드저니를 어떻게 활용하느냐가 지금 현재의 디자이너가 알아야 할 덕목 중 하나라고 생각됩니다. 아마 지금 이 시간에도 인공지능은 더 빠르게 발전하고 있을 것입니다. 우리가 활용하는 데에 첫 출발로서 미드저니를 추천하며 이 책과 함께 시작하시기를 바랍니다.

대 인공지능 시대,
어떤 변화를 가져올까요?

인공지능은 현재와 미래의 세상에 미칠 다양한 변화와 영향을 예고하고 있습니다. 여러 분야에서의 발전과 적용이 예상되며, 이에 따른 변화는 사회, 경제, 의학, 교육, 문화 등 다양한 영역에 영향을 미칠 것으로 예측됩니다. AI 기술은 업무의 자동화를 가능케 하여 생산성을 향상시킬 수 있지만, 동시에 일부 직업은 자동화로 인해 사라질 수 있습니다. 이로 인해 제4차 산업 혁명이라 불리는 변화가 발생할 것으로 예측됩니다.

AI는 교육 분야에서 맞춤형 학습 경험을 제공하고, 학생들의 성과를 추적하며 교육 시스템을 개선하는 데 사용될 것이며, 코로나로 변화된 학습 환경에 대한 것도 점차 가속화하여 변화할 것을 예고합니다. 또한 로봇 공학과 AI 기술의 발전으로 인해 로봇은 더 많은 환경에서 인간과 협력하거나 대체할 수 있게 될 것입니다.

최근 발표된 스탠포드 대학교의 알로하 프로젝트는 이러한 상상을 뛰어넘는 발전을 보여 주는 사례입니다. 50번의 학습과 저렴한 비용의 로봇을 인공지능이 놀라운 성능을 보여 줍니다. 이러한 영향으로 기업들은 AI를 통해 대량의 데이터를 분석하고 패턴을 식별하여 더 스마트하고 효율적인 의사결정을 내릴 수 있게 될 것입니다.

이와 같은 변화는 기술의 진보와 함께 윤리적인 고려, 교육, 법률 등 다양한 측면에서 관리되어야 합니다. AI의 발전은 많은 기회를 제공하지만 동시에 새로운 도전과 과제도 함께 가지고 있습니다. 너무나 급격한 변화로 준비가 되어 있지 않은 우리 사회의 많은 곳에서 혼란이 야기되고 있지만 지금부터라도 준비를 해 나아가야 올바른 인간과 인공지능의 건강한 공존이 이뤄지리라 생각됩니다.

생성형 이미지 AI,
이젠 콘텐츠 창작의 필수 도구

생성형 이미지 AI는 예술과 디자인 분야에서 창의적인 작업을 도울 수 있습니다. 예술가나 디자이너들은 AI를 활용하여 새로운 아이디어를 얻거나 기존 작품을 개선할 수 있으며, 상상력의 도구 또는 직접적인 작품의 도구로도 사용할 수 있을 것입니다. 시작 단계에서 많은 도전과 실패가 있을 것으로 생각되지만, 이미 광고 및 마케팅 활동에서 사용되고 있어 고객에게 맞춤형 이미지나 광고 콘텐츠를 생성하여 마케팅 전략을 최적화하고 시각적 효과를 극대화할 수 있습니다.

중국과 구글의 마케팅 인력 해고를 비롯한 변화가 감지되고 있습니다. 이러한 변화에 우리가 어떻게 대처해야 할지에 대해 깊이 논의되어야 합니다. 게임 산업에서도 게임 캐릭터, 배경, 특수 효과 등을 생성하는 데 사용될 것이며, 이는 게임의 시각적 품질을 향상시키고 개발 프로세스를 가속화할 수 있습니다.

이를 바탕으로 한 메타버스의 세상에서도 사용되어 관심에서 멀어진 새로운 세상이 펼쳐질 것이라고 많은 이가 기대하고 있습니다. 아마존에서 본격적으로 사용된 패션 업계에서는 가상 시착 서비스나 트렌드 예측 등을 통해 소비자에게 맞춤형 제품을 제공하고 생산 프로세스를 최적화하는 것을 도입하고 있으며, 더욱 발전할 것으로 생각됩니다. 인테리어 디자인 분야에서는 가구 및 소품의 배치, 색상 조합, 공간 최적화 등을 지원하여 개인 및 비즈니스 환경의 디자인을 개선할 수 있습니다.

지금까지와는 다른 섹터별 인공지능의 등장도 예상할 수 있는데, 이 외에도 많은 산업에서 다양한 그래픽 콘텐츠를 생성하고 편집할 수 있으며, 콘텐츠를 시각적으로 풍부하게 표현할 수 있습니다. 이러한 산업에서의 변화는 AI와 함께 지속적으로 발전하고 있으며, 새로운 기회와 도전을 제공하고 있습니다.

미드저니에 대하여

미드저니는 사용자가 제공하는 자연어 설명, 즉 '프롬프트(prompt)'를 기반으로 이미지를 생성하는 생성적 인공지능 프로그램입니다. 텍스트를 입력하면 AI가 이미지를 생성해 주는(text-to-Image) 모델로, 스테이블 디퓨전(Stable Diffusion)과 함께 현 시점 가장 유명하면서 생성되는 이미지의 퀄리티가 높은 생성형 인공지능 서비스입니다. 사실적인 묘사에 강하면서도 추상적 표현을 잘해 예술적인 부분에 특화되어 있지만, 만화류의 선화도 키워드 입력에 따라 뽑아낼 수 있다는 장점을 가지고 있습니다.

미드저니는 가입부터 이미지 생성/편집까지 모든 작업이 디스코드(Discord) 서버에서 이루어집니다. 즉, 디스코드 서버를 이용하기 위해서는 디스코드 앱의 가입 및 설치가 필요합니다. AI 이미지 생성 방식으로는 기본적으로 디스코드 공개방 형식으로 작업물이 생성됩니다. 즉, 내가 작업하는 것을 누구든지 볼 수 있고 누구나 작업물을 다운로드할 수 있습니다. 다만, 개인 채널을 생성해 미드저니를 사용할 수 있는 방법을 통해 나만의 AI 이미지 결과물의 공개 여부를 최소화할 수 있습니다.

'프롬프트'는 미드저니가 이미지를 생성하는 데 필요한 명령어입니다. 사용자가 '프롬프트'를 작성하면, 미드저니는 그 프롬프트를 분석하고 그에 따라 이미지를 생성합니다. 미드저니는 이렇게 사용자가 특정 시나리오나 개념을 시각적으로 표현하고자 할 때 사용됩니다. 이미지가 필요한 다양한 상황, 예를 들어 디지털 아트를 만들거나, 스토리텔링을 위한 시각 자료를 생성하거나, 심지어는 개인적인 표현 수단으로 사용될 수 있습니다.

이렇게 미드저니는 단순한 이미지 생성 도구를 넘어, 창조적 표현의 새로운 차원을 열어 주는 도구로서의 역할을 합니다. 사용자의 상상력과 창조력을 결합하여, 미드저니는 이전에는 불가능했던 유형의 아트워크를 만들어 낼 수 있게 해 줍니다.

차례

머리말 5

01. 미드저니 시작하기

미드저니에서 이미지 생성하기

이미지 생성 과정

텍스트 프롬프트를 제출하면 미드저니 봇
(Midjourney Bot)이 요청을 처리하여 1분 내에
4개의 고유한 이미지 옵션을 생성합니다.

업스케일링과 베리에이션

이미지 그리드가 생성되면 아래에 두 줄의 버튼을
사용할 수 있게 됩니다. 'U' 버튼은 업스케일링
(upscaling), 'V' 버튼은 베리에이션(variation)입니다.
생성된 이미지 옵션 중 마음에 드는 것이 없다면
우측의 재생성 버튼을 눌러 보세요.

이미지 향상 또는 수정

이미지에 더 강하거나 작은 변형을 주어 4개의
새로운 이미지 옵션을 생성하거나, 이미지 내용을
그대로 축소하여 캔버스를 확장할 수 있습니다.
또는, 선택한 방향으로 이미지 캔버스를 확장할 수도
있습니다.

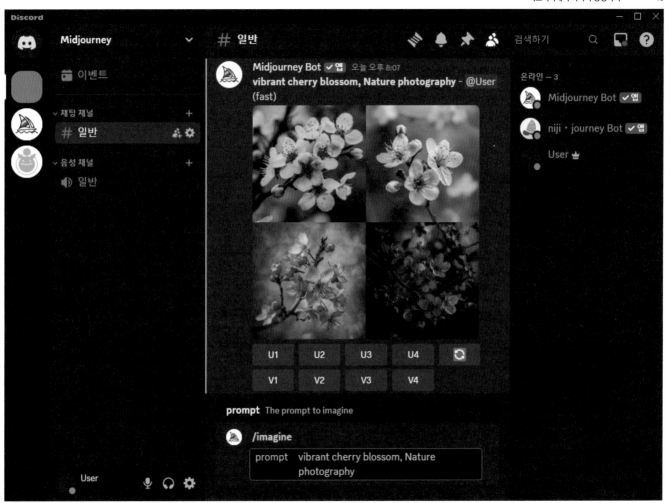

이미지 생성하기: /imagine

미드저니에서 이미지를 생성하기 위한 가장 기본적인 방법은 디스코드(discord) 메시지 필드에 '/imagine' 명령어를 사용하는 것입니다.
프롬프트를 입력해 이미지를 생성하면 다음과 같이 네 가지의 이미지 후보를 받아 볼 수 있습니다.
이 후보 중에서 원하는 것을 선택해 이미지 그대로 업스케일링하거나 베리에이션을 줄 수 있습니다.

Discord

Midjourney ∨

🎪 이벤트

∨ 채팅 채널   +
 # 일반   👥 ⚙

∨ 음성 채널   +
🔊 일반

를 확인해보세요.

 친구 초대하기   ✓

 아이콘으로 서버 꾸미기   ✓

 첫 메시지 보내기   ⟩

 첫 앱 추가하기   ✓

2024년 2월 7일

→ **niji · journey Bot** 님이 서버에 뛰어들어 오셨어요. 오늘 오전 2:42

→ **Midjourney Bot** 님을 환영해줍시다. 다 같이 인사해요! 오늘 오전 2:43

Midjourney Bot ✓ 봇 오늘 오후 5:48
Lilac, photo realistic --ar 2:1 --v 6.0 - @User (fast)

| U1 | U2 | U3 | U4 | 🔄 |

| V1 | V2 | V3 | V4 |

➕ #일반에 메시지 보내기

🎤 🎧 ⚙

이미지 생성하기: Upscale

네 가지의 이미지 후보 중 하나를 선택해 업스케일링을 했다면, 보다 고해상도의 이미지를 얻을 수 있습니다.
또한 완성된 이미지에 대한 추가적인 수정이 필요할 경우 이미지 하단의 여러 기능을 이용하여 이미지에 다양한 변화를 줄 수 있습니다.

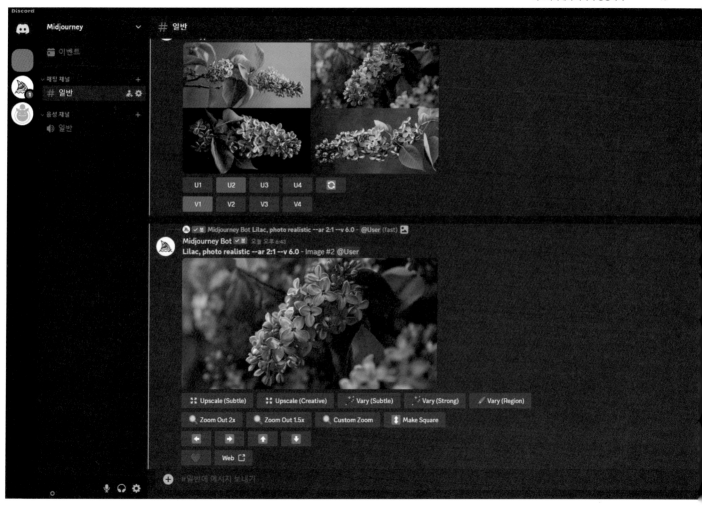

이미지 생성하기: Variation

업스케일링을 하기 전 네 가지의 이미지 후보 중 약간의 아쉬운 점이 있는 이미지가 있다면,
베리에이션 버튼을 눌러 해당 이미지를 기반으로 한 수정 이미지 네 가지 후보를 다시 받아 볼 수 있습니다.
또한 가장 우측의 회전 버튼을 눌러 같은 프롬프트 기반의 새로운 네 가지 이미지 후보를 얻을 수 있습니다.

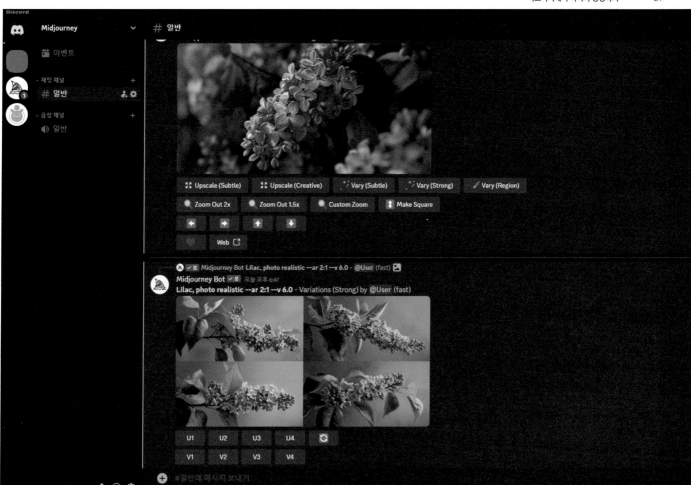

이미지 생성하기: After Upscale

이미지 업스케일링 이후의 이미지를 수정할 수 있는 기능도 제공합니다. 추가적인 업스케일링을 하거나, 완성된 이미지에서 다시 다양한 변형을 줄 수도 있습니다. 또한 기존 이미지를 유지한 상태에서 캔버스의 비율을 확장시키는 것도 가능합니다.

Upscale(Subtle/Creative)

기존의 이미지를 유지하거나, 약간 더 새롭게 업스케일링할 수 있는 기능입니다.

Vary(Subtle/Strong)

기존의 이미지에 추가적인 변형을 줄 수 있는 기능입니다. 변형의 강도를 조정할 수 있습니다.

Vary(Region)

이미지의 특정 영역만을 지정해 변형을 줄 수 있는 기능입니다. 프롬프트를 수정하여 적용합니다.

Zoom Out(2x/1.5x)

기존의 이미지를 유지한 채로 줌 아웃합니다.
외곽의 추가적인 이미지를 자동으로 생성합니다.

Image Panning

기존의 이미지를 유지한 채로 네 가지 방향으로
캔버스를 확장시킬 수 있습니다.

자주 쓰는 미드저니 커맨드
이미지 생성을 위한 커맨드 리스트

01. Imagine `prompt`

미드저니에서 프롬프트를 사용하여 이미지를 생성하는 가장 기본적인 커맨드입니다.

02. Blend `image`

두 개 이상의 이미지를 혼합하여 새로운 이미지를 만들어 낼 수 있습니다.

03. Describe `image`

업로드한 이미지를 기반으로 네 가지 추천 프롬프트를 제공합니다.

04. Prefer suffix `value`

앞으로 생성될 모든 이미지에 붙는 매개변수를 고정 설정할 수 있습니다.

05. Prefer option set

자주 사용하는 매개변수들의 집합을 하나로 합쳐 저장할 수 있습니다.

06. Fast/Turbo/Relax

이미지 생성 속도를 조정할 수 있습니다. 기본 상태는 Fast입니다.

07. Info

내 미드저니 구독 정보와 관련된 정보 현황을 간편하게 확인할 수 있습니다.

08. Settings

이미지 생성과 관련된 다양한 옵션을 관리하고 설정할 수 있습니다.

09. Shorten `prompt`

프롬프트를 제출하면 간결하게 요약된 다섯 가지 프롬프트 후보 리스트를 받을 수 있습니다.

10. Show `job_id`

내가 생성했던 이미지의 'job_id'를 입력하여 다시 작업할 수 있습니다.

11. Tune `prompt`

프롬프트를 제출하여 생성된 이미지들의 후보를 선택해 나만의 일관된 스타일을 만들 수 있습니다.

12. Subscribe

미드저니에서 구독 정보를 갱신하거나 변경할 수 있습니다.

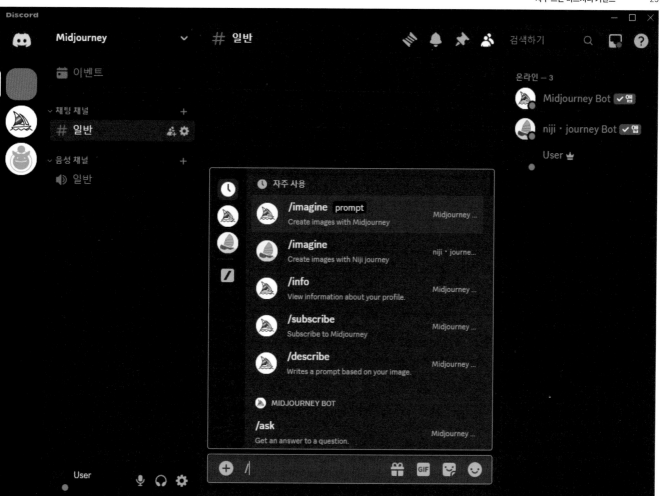

자주 쓰는 커맨드 01: /Blend

/blend는 두 개 이상의 이미지를 혼합하여 새로운 이미지를 만들어 낼 수 있습니다. /blend에 이미지 파일들을 드래그 앤 드롭하여 제출하거나
이미지 링크들을 /imagine에 두 개 이상 붙여 넣어 새로운 이미지를 생성할 수 있습니다. 더 보기 옵션의 'dimension'에서 이미지 비율을 조정할 수 있습니다.

Discord

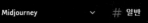

~ 채팅 채널　　　　+

　# 일반

~ 음성 채널　　　　+

　🔊 일반

일반

→　**niji · journey Bot** 님이 서버에 뛰어들어 오셨어요. 어제 오전 2:42

→　**Midjourney Bot** 님을 환영해줍시다. 다 같이 인사해요! 어제 오전 2:43

──────── 2024년 2월 8일 ────────

Midjourney Bot ✓봇 오늘 오전 4:24
https://s.mj.run/V6GpcG_uoOU https://s.mj.run/94YNF8b5Wcs --ar 2:3 - **@User** (fast)

옵션

image3　　　　　　　　　　　　　　　　　　　　　　　　　　Third image to add

image4　　　　　　　　　　　　　　　　　　　　　　　　　　Fourth image to add

image5　　　　　　　　　　　　　　　　　　　　　　　　　　Fifth image to add

/blend　Blend images together seamlessly!

image1: user_image_01.png　　　　**image2:** user_image_02.png

 /blend　image1　user_image_01.png　　image2　user_image_02.png　　dimensions　Portrait　+3 더 보기

자주 쓰는 커맨드 02: /Describe

업로드한 이미지를 기반으로 네 가지 추천 프롬프트를 제공합니다. 이미지는 '이미지 링크'와 '이미지 파일' 방식으로 각각 제출할 수 있습니다.
좋은 이미지 레퍼런스를 발견했을 때, '/Describe'를 이용하여 손쉽게 이미지를 재생산할 수 있습니다.

레퍼런스 이미지

'/Describe'를 이용해 만든 이미지

Discord

Midjourney ∨

📅 이벤트

∨ 채팅 채널   +
\# 일반

∨ 음성 채널   +
🔊 일반

\# 일반

→   **Midjourney Bot** 님을 환영해줍시다. 다 같이 인사해요! 어제 오전 2:43

2024년 2월 8일

User 님이 /describe(을)를 사용함

Midjourney Bot ✔봇 오늘 오전 4:44

1 trees on the shore, in the style of architectural compositions, light amber and orange, charming, idyllic rural scenes, reflex reflections, greek art and architecture, canon 50mm f/0.95, suburban ennui capturer --ar 128:85

2 green trees at the edge of the shoreline, in the style of architectural compositions, light amber and orange, rollei prego 90, charming, idyllic rural scenes, reflective, split toning, monolithic structures --ar 128:85

3 a person stands on water, in the style of mediterranean landscapes, charming, idyllic rural scenes, light pink and amber, suburban ennui capturer, reflex reflections, ferrania p30, vytautas kairiukstis --ar 128:85

4 a small pond, in the style of seaside vistas, transparency and lightness, light maroon and orange, greek and roman art and architecture, suburban ennui capturer, luminous reflections, transavanguardia --ar 128:85

[1] [2] [3] [4] [🔄]

✨ Imagine all

\#일반에 메시지 보내기

자주 쓰는 커맨드 03: /Tune

Style Tune은 프롬프트를 제출하여 생성된 이미지들의 후보를 선택해 나만의 일관된 스타일 매개변수를 만들 수 있는 기능입니다.
이미지를 여러 번 생성하지 않아도 내가 원하는 이미지 스타일을 한 번에 고정시킬 수 있다는 장점이 있습니다.
Style Tune은 내가 제출한 프롬프트 및 생성된 tune 매개변수 조합으로 사용합니다. 또한 내가 만든 tune은 'list_tuners'에서 확인 가능합니다.

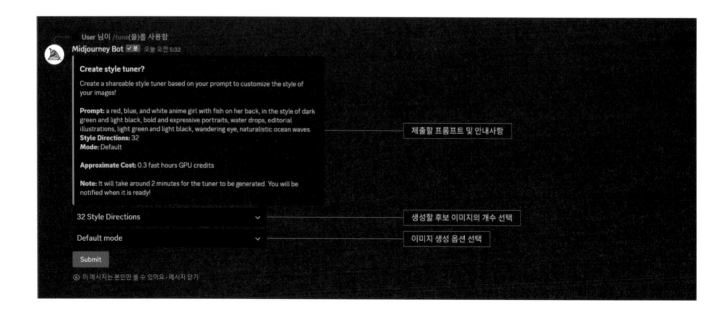

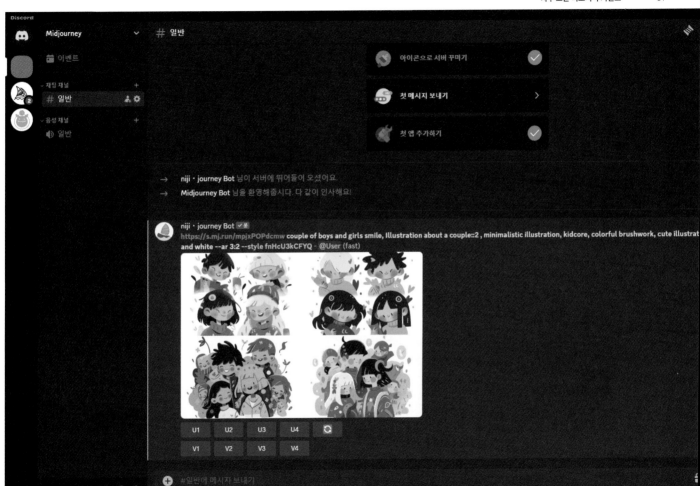

미드저니와 니지저니 설정

01. RAW Mode `--style raw`

가공을 하지 않은 이미지를 생성합니다.
작성한 프롬프트에 충실한 이미지를 생성합니다.

02. Stylize `--stylize 0~1000`

이미지에 반영되는 미학적인 요소의 강도를
조절합니다.

03. Public/Stealth Mode

생성한 이미지의 공개 여부를 설정합니다. Pro
요금제만 스텔스 모드(stealth mode)를 사용할 수 있
습니다.

04. Remix Mode

베리에이션 기능을 사용할 때, 프롬프트를 수정할 수
있습니다. 기능 활성화를 추천합니다.

05. High/Low Variation Mode

일반 베리에이션 기능을 사용할 때의 변형 강도를
미리 설정할 수 있습니다.

06. Sticky Style

한번 생성한 스타일을 고정하는 모드입니다.
일관된 이미지를 생성할 수 있습니다.

07. Turbo/Fast/Relax Mode

이미지 생성 속도를 조정합니다. 기본 상태는
'Fast'입니다. (Pro 요금제만 사용 가능)

08. Reset Settings

Settings의 모든 설정을 기본 상태로 초기화합니다.

09. Version

이미지 생성에 사용할 미드저니/니지저니의 버전을
설정합니다.

02. 미드저니의 프롬프트

프롬프트의 기본 구조

미드저니 프롬프트의 이해

미드저니 프롬프트에는 1개 이상의 이미지 URL, 여러 텍스트 문구 및 1개 이상의 매개변수가 포함될 수 있습니다.

미드저니 봇은 인간처럼 문법, 문장 구조 또는 단어를 이해하지 못합니다. 단어 선택도 중요합니다. 다양한 상황에서는 더 구체적인 동의어가 더 잘 작동합니다.

'Big' 대신 'Gigantic' 'enormous' 'immense'를 사용해 보세요. 또한 미드저니는 소문자 및 대문자 구분을 하지 않습니다.

미드저니는 이미지를 설명하는 간단한 문장에서 가장 잘 작동합니다. 긴 프롬프트를 지양하세요.

Image Prompt

이미지 URL을 프롬프트에 추가하여 완성된 결과의 스타일과 콘텐츠에 영향을 줄 수 있습니다. 이미지 URL은 항상 프롬프트 앞에 옵니다. 이미지를 우클릭하여 '링크 복사하기'로 사용할 수 있습니다.

Prompt Text

생성하려는 이미지에 대한 텍스트 설명입니다. 잘 작성된 프롬프트는 멋진 이미지를 생성하는 데 도움이 됩니다. 의도하는 이미지에 대한 설명을 간결하게 작성해 보세요.

Parameters

매개변수는 이미지 생성 방법을 변경합니다. 매개변수는 종횡비, 모델, 업스케일러 등을 변경할 수 있습니다. 또 이미지 품질에 대한 상세한 조정이 가능합니다. 매개변수는 프롬프트의 끝에 옵니다.

프롬프트의 기본 구성

프롬프트의 종류로는 단어나 쉼표로 짧게 표현하는 단어인 '태그형 프롬프트'와 어떤 구문의 설명이나 행위
묘사를 하는 '문장형 프롬프트'가 있습니다. 구체적으로 원하는 이미지가 있다면 그것에 대한 설명을 가능한
한 구체적으로 적을수록 좋은 구현이 가능해집니다. 또한 프롬프트 작성 시, 강조하고 싶은 내용이 있다면
프롬프트 앞쪽으로 배치하여 우선 순위를 주는 것도 도움이 될 수 있습니다.

프롬프트를 올바르게 작성하는 방법에는 생성형 AI 이미지 도구마다, 또는 사용자마다의 용도 및 패턴에
따라 다릅니다. 하지만 공통적으로 이미지에 대한 주제, 환경, 이를 전체적으로 아우르는 스타일, 이 세 가지의
구성 요소를 프롬프트에 포함시킨다면 더욱 쉽고 명확하게 이미지 생성을 하는 데 도움이 될 것 입니다.

프롬프트

A woman with a ponytail is drinking tea at a wooden table, cozy living room, window light, candid shot, photo realistic

프롬프트 번역

포니 테일을 한 여자가 나무 테이블에서 차를 마시고 있다, 아늑한 거실, 창문 조명, 자연스러운 촬영 샷, 사실적인

주제

A woman with a ponytail is drinking tea at a wooden table

배경

cozy living room

스타일

window light, candid shot, photo realistic

프롬프트

photography unflattering selfie of an old
man from iPhone, light smile, funny, outdoor,
wide angle, Kodak portra 800

프롬프트 번역

아이폰으로 촬영한 노인의 매력 없는 셀프 카메라,
옅은 웃음, 재미 있는, 야외, 광각, 코닥 portra 800
렌즈

주제

photography unflattering selfie of an old
man from iPhone, light smile

배경

funny, outdoor

스타일

wide angle, Kodak portra 800

프롬프트

a photo of a gorgeous modern industrial interior with leather sofa, copper texture, brown and blue colors, sunlight, cozy theme

프롬프트 번역

가죽 소파가 있는 화려한 모던한 산업 인테리어의 사진, 구리 질감, 갈색과 파란 색상, 햇빛, 차분한 테마

주제

a photo of a gorgeous modern industrial interior with leather sofa, copper texture

배경

a photo of a gorgeous modern industrial interior with leather sofa

스타일

brown and blue colors, sunlight, cozy theme

이미지 프롬프트
이미지 프롬프트 이해하기

이미지 프롬프트는 텍스트 필드에 이미지 주소 링크 형식으로 사용하는 프롬프트의 한 종류입니다. 이미지를
우클릭하여 '이미지 주소 복사' 기능을 사용하여 링크를 필드에 붙여넣기하는 방식으로 사용합니다. 이미지
프롬프트는 내가 원하는 이미지 레퍼런스의 생김새를 미드저니에 반영하고 싶을 때 유용합니다. 일반적으로
이미지 링크 두 개만을 사용하여 'Image Blend' 방식으로 사용하거나, 텍스트 프롬프트와 함께 사용합니다.

'Style Reference'는 이미지 주소를 매개변수(--sref)로 활용하여 사용할 수 있습니다.
이는 기존의 이미지 프롬프트와 텍스트 프롬프트를 혼합 사용하던 방식보다 좀 더 이미지
레퍼런스의 전반적인 스타일을 내가 만들 이미지에 반영할 수 있는 좋은 방법입니다. 즉, 이미지의 전체적인
생김새를 가져오고 싶을 때는 이미지 프롬프트를 앞쪽에 넣고, 이미지의 전반적인 느낌을 가져오고 싶을 때는
--sref 매개변수를 사용하여 프롬프트 후반에 작성하면 됩니다. 자세한 사용 방법은 매개변수 활용 예시에서
다루도록 하겠습니다.

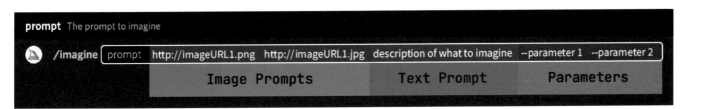

이미지 프롬프트의 활용 01: 텍스트 프롬프트와 사용하기

이미지 프롬프트의 가장 기본적인 활용법은 텍스트 프롬프트와 함께 사용하는 것입니다. 이미지 프롬프트가 앞에 위치하고 그 뒤에 텍스트 프롬프트가
따라 붙습니다. 이미지 프롬프트는 여러 개를 넣을 수 있으며, 텍스트 프롬프트의 내용에 이미지 프롬프트의 생김새가 적절히 합쳐진 결과물을 얻을 수 있습니다.
또한 결과물에 반영되는 이미지 프롬프트의 비중을 늘리고 싶다면, 매개변수 중 Image Weight를 뜻하는 '--iw'를 사용할 수 있습니다.
예를 들어, 프롬프트 마지막 부분에 '—iw 2'를 입력한다면 앞쪽에 작성한 이미지 프롬프트의 가중치가 두 배가 됩니다.

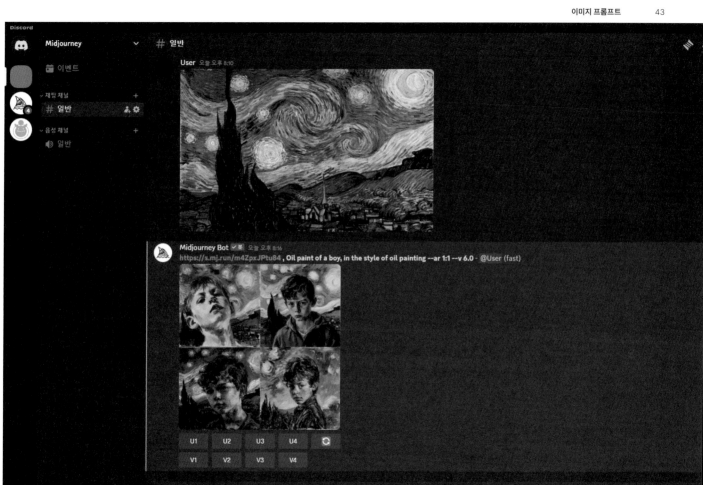

이미지 프롬프트의 활용 02: 이미지 합성하기

텍스트 프롬프트를 사용하지 않고, 오직 이미지 프롬프트만을 조합하여 이미지를 생성할 수도 있습니다. 이는 앞서 소개한 기능인 '/Blend'와 동일한 기능입니다.
'/Blend'에서 이미지를 드래그 & 드롭 방식으로 생성하는 것과, '/Imagine'에서 이미지 프롬프트를 복사 & 붙여넣기하는 것은 방식의 차이만 있을 뿐,
동일한 기능을 수행합니다. 그리고 이 방식 또한 비중을 높이고 싶은 이미지에 '--iw 2'와 같은 매개변수를 이용한 가중치를 추가할 수 있습니다.

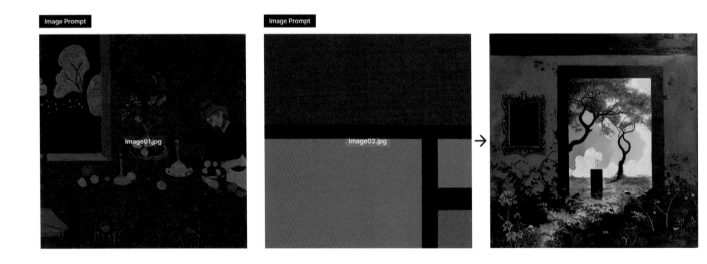

Discord

Midjourney ⌄

일반

🎫 이벤트

∨ 채팅 채널   +
일반   👥 ⚙

∨ 음성 채널   +
🔊 일반

Midjourney Bot ✅봇 오늘 오후 8:37
https://s.mj.run/XYwR2eVzXCY, https://s.mj.run/1PiDd95YJlM **--ar 1:1 --v 6.0** - @User (fast)

| U1 | U2 | U3 | U4 | 🔄 |
| V1 | V2 | V3 | V4 |

➕ #일반에 메시지 보내기

🎙 🎧 ⚙

이미지 프롬프트의 활용 03: 스타일 반영하기

이미지 '합성'이 아닌, '참조'의 수준의 비중을 늘리고 싶다면 매개변수 '--sref'를 사용하는 것을 추천합니다. 즉, '이미지 프롬프트 + 텍스트 프롬프트'가
'이미지 합성'에 가깝다면, '텍스트 프롬프트+ --sref 이미지 프롬프트'는 '이미지 프롬프트의 스타일을 참조한 이미지 창작'의
개념에 약간 더 가깝습니다. 이 경우에는 이미지 프롬프트가 앞이 아닌, 반드시 프롬프트 후반의 매개변수(--sref)가
위치하는 곳에 와야 합니다.

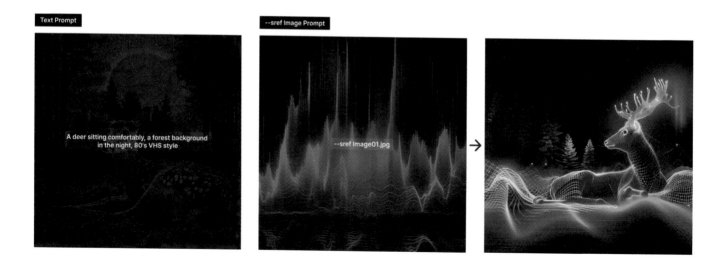

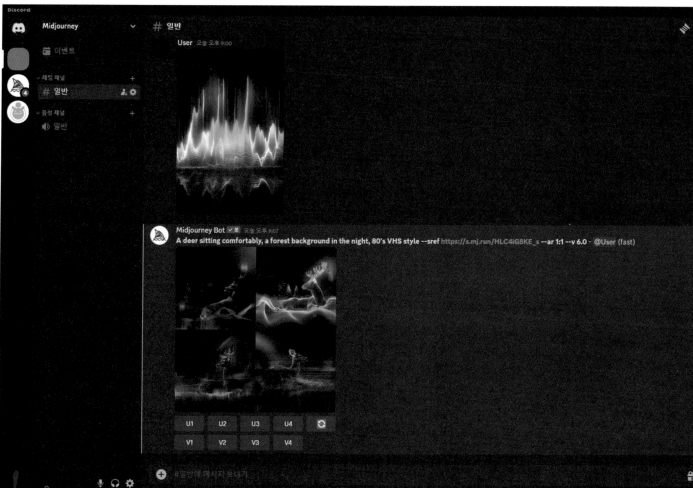

매개변수
매개변수 이해하기

매개변수(parameter)는 이미지 생성 방법을 다양하게 변경하는 옵션 중 하나입니다. 매개변수는 이미지의
종횡비를 변경거나, 생성 모델의 버전을 변경거나, 생성되는 이미지의 스타일을 조정하는 등 다양한
기능을 수행할 수 있습니다. 매개변수의 형태는 모두 '--'로 시작하며 프롬프트의 후반에 위치합니다.
또한, 모델 버전이나, 종횡비 등과 관련된 매개변수는 작성하지 않아도 적용되는 기본값을
가지고 있습니다(예, 미드저니 종횡비 기본값: --ar 1:1, 미드저니 스타일화 적용 기본값: --stylize 100 등).

매개변수는 미드저니에서 이미지를 생성하기 위해 선택적으로 사용할 수 있는 기능이지만, 매개변수의
종류와 역할에 대해 잘 이해하고 이를 잘 사용할 수 있다면, 같은 프롬프트라도 의도한 대로 혹은 더욱 퀄리티
높은 이미지 결과물을 얻어낼 수 있을 만큼 유용한 기능이므로 적극적으로 사용하기를 권장합니다.

prompt The prompt to imagine

 /imagine | prompt | http://imageURL1.png   http://imageURL1.jpg   description of what to imagine   --parameter 1   --parameter 2

Image Prompts   Text Prompt   Parameters

미드저니의 주요 매개변수

01. Aspect Ratios `--ar <number:number>`

생성할 이미지의 종횡비를 변경할 수 있습니다. 비율은 자유롭게 설정할 수 있습니다.

02. Chaos `--c <0~100>`

값이 높을수록 예상치 못한 이미지가 나오지만, 값이 낮을수록 안정적인 이미지를 얻을 수 있습니다.

03. Character References `--cref <image prompt>`

인물 및 캐릭터의 생김새를 참고하여 이미지를 새롭게 생성할 수 있습니다.

04. Image Weight `--iw <0~2>`

이미지 프롬프트의 가중치를 조절할 수 있습니다. 기본값은 '--iw 1'입니다.

05. No `--no <text prompt>`

이미지에 반영되지 않길 원하는 요소를 지정할 수 있습니다.

06. Style Random `--style random`

랜덤한 스타일 코드를 불러와 이미지에 반영합니다. 다양한 스타일을 시험해 볼 수 있습니다.

07. Stylize `--stylize <0~1000>` `--s <0~1000>`

결과물에 적용되는 예술성을 조절합니다. 값이 낮을수록 프롬프트에 충실한 결과물이 나옵니다.

08. Seed `--seed <seed number>`

동일한 시드 번호를 이용하여 동일한 이미지를 생성할 수 있습니다.

09. Style References `--sref <image prompt>`

텍스트 프롬프트에 이미지의 스타일을 참조하여 이미지를 생성할 수 있습니다.

10. Style Raw `--style raw`

작성된 프롬프트 내용 외의 반영되는 요소를 줄일 수 있습니다.

11. Weird `--weird <0~3000>` `--w <0~3000>`

Chaos와 유사하지만, Weird는 이미지 자체의 특이성을 제어하여 독특한 결과물을 만듭니다.

12. Quality `--quality <.25 / .5 / 1>` `--q <.25 / .5 / 1>`

이미지 생성에 소요되는 시간을 변경하여 결과물의 품질을 조정할 수 있습니다.

자주 쓰는 매개변수 01: --ar

생성할 이미지의 종횡비를 변경할 수 있습니다. 값은 자유롭게 변경이 가능하지만 안정적인 이미지를 얻고 싶다면 '1:1' '2:3' '2:1'과 같은 간단한 종횡비를
사용하는 것을 추천합니다. 설정한 종횡비에 따라 잘 생성되는 이미지의 구도, 스타일이 존재하므로 맞는 종횡비를 사용한 후, 따로 이미지를 크롭하는 방식도
추천합니다.

자주 쓰는 매개변수 02: --no

입력하진 않았지만, 이미지 결과물에 나오는 특정 요소를 반영하고 싶지 않을 때 '--no' 매개변수는 좋은 선택이 될 수 있습니다. 다만, 생성할 이미지가 무엇인가에 따라 처음부터 프롬프트에 부정의 의미(예, without, don't 등)를 넣는 것이 더욱 효과적일 수 있습니다. 또한 일반적으로 당연하게 포함되어야 할 요소가 있는 물체에 해당 요소를 제외하는 용도로 '--no'를 쓰는 것은 제대로 적용되지 않을 가능성이 높습니다. 이 경우에는 'Chaos'나 'Weird' 등의 매개변수와 혼합 사용하거나, '--no' 대신 더 나은 의미의 텍스트 프롬프트를 생각해 보는 것을 추천드립니다.

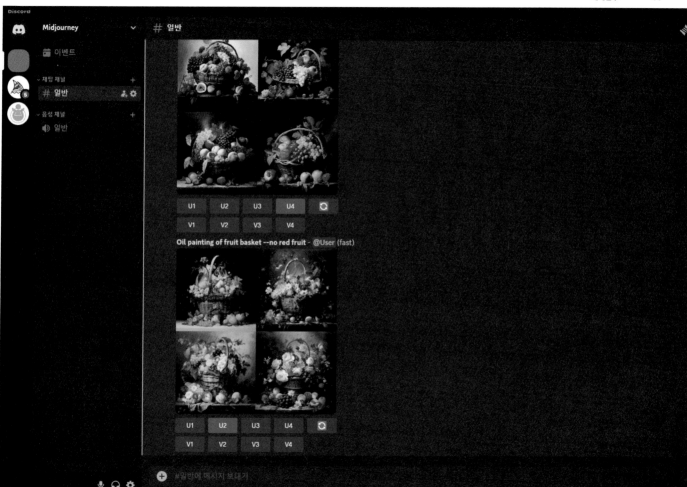

자주 쓰는 매개변수 03: --style random

Style Random은 아직 이미지에 대한 스타일이 정해지지 않았을 때, 시험 삼아 돌려 보기에 적합한 기능입니다. 다양한 스타일을 랜덤으로 지정해 이미지를 생성하기 때문에 여러 번 이미지를 생성해 보면서 한 주제에 대해 어떤 스타일이 적합한지 테스트해 볼 수 있습니다. '--repeat'와 혼합 사용하여 한 번에 여러 스타일을 생성해 볼 수도 있습니다.

Discord

Midjourney ∨   # 일반

📅 이벤트

∨ 채팅 채널   +
일반   👤⚙

∨ 음성 채널   +
🔊 일반

U1   U2   U3   U4   🔄

V1   V2   V3   V4

a merry-go-round in an amusement park --style 65fcIYxM1tQo97RS --ar 2:1 - @User (fast)

U1   U2   U3   U4   🔄

V1   V2   V3   V4

a merry-go-round in an amusement park --style 62xsKYuEzni0D2Ao --ar 2:1 - @User (fast)

U1   U2   U3   U4   🔄

V1   V2   V3   V4

prompt The prompt to imagine

 /imagine prompt   a merry-go-round in an amusement park --style random

자주 쓰는 매개변수 04: --seed

seed는 미드저니에서 같은 프롬프트로 생성된 각 이미지마다 부여되는 고유 번호입니다. '--seed'를 사용하지 않고 이미지를 생성하는 것은 자동으로 임의의 seed 번호가 부여되는 방식입니다. 만약 해당 이미지에 대한 프롬프트와 seed 번호를 알고 있다면 언제든 다시 똑같은 이미지를 생성할 수 있습니다. 내가 생성한 이미지에 대한 seed 번호를 알고 싶다면 디스코드 내의 'Envelope' 반응 아이콘을 클릭해 미드저니 봇으로부터 seed 번호가 담긴 개인 메시지를 받을 수 있습니다.

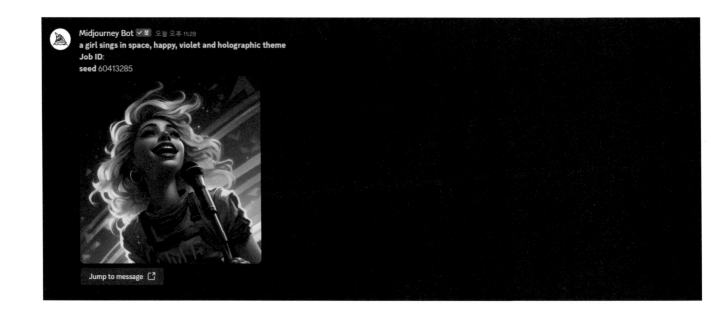

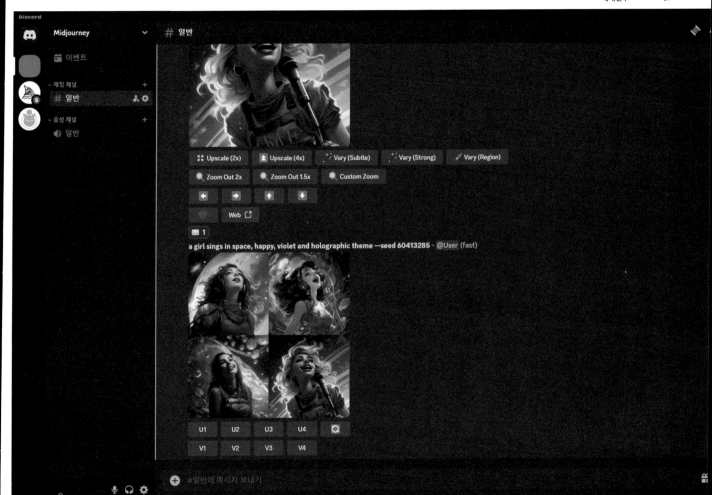

자주 쓰는 매개변수 05: --style raw

내가 입력한 프롬프트 이외의 추가적인 창의 요소가 들어가길 원하지 않을 땐 Style Raw가 도움이 될 수 있습니다. 반대로 더욱 창의적인 결과물을 원한다면 '--stylize' '--weird' 등을 사용해 보세요. Style Raw는 입력한 프롬프트만을 무조건 반영하기보단 이 외의 요소를 최소화하는 개념에 가깝기 때문에 비교적 안정적인 결과물의 상태를 유지할 수 있는 좋은 기능입니다.

Birthday Cake

Birthday Cake --style raw

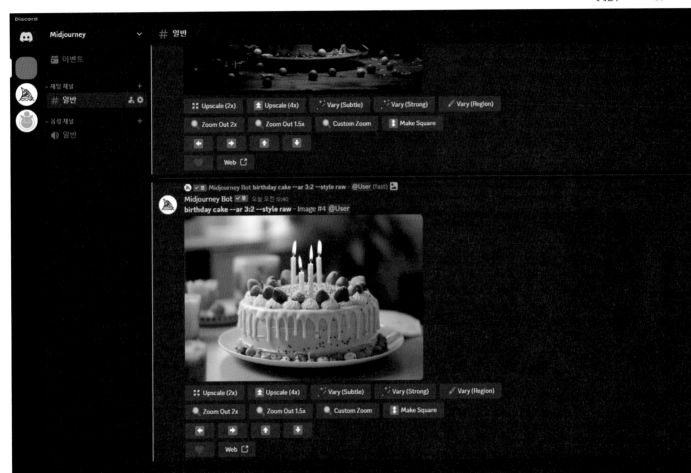

자주 쓰는 매개변수 06: --stylize

Stylize는 작성한 프롬프트 외의 스타일적인 부분을 미드저니가 임의적으로 추가시켜 주는 기능입니다. Stylize의 값이 높을수록 프롬프트와의 연결성이 떨어지지만 더 창의적이고, 값이 낮을수록 프롬프트에 충실합니다. Stylize는 0부터 1000까지의 값을 사용할 수 있으며, 기본값은 100입니다.

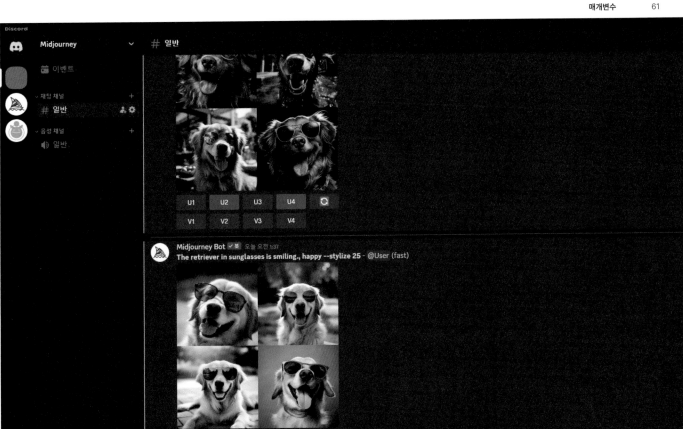

03. 미드저니 프롬프트 작성 심화

추가 프롬프트 작성 팁
다중 프롬프트 사용하기

구분 기호를 사용하여 미드저니가 두 개 이상의 개별 개념을 개별적으로 고려하도록 할 수 있습니다.
프롬프트를 분리하면 프롬프트의 각 부분에 상대적 중요성을 할당할 수 있습니다. 예를 들어, 프롬프트를
두 부분으로 분리하면, space:: ship 두 개념을 별도로 고려하여 우주를 여행하는 범선 이미지를 생성합니다.

프롬프트에 가중치 주기

이미지 프롬프트에 '--iw'를 사용하여 가중치를 줄 수 있는 것처럼, 텍스트 프롬프트에도 가중치를 줄 수 있습니다. 이중 콜론을 사용하여 프롬프트를 여러 부분으로 분리하는 경우, 이중 콜론 바로 뒤에 숫자를 추가하여 프롬프트의 해당 부분에 상대적 중요성을 할당할 수 있습니다. 예를 들어, space::2 ship을 사용하면 'space'라는 단어가 'ship'이라는 단어보다 두 배 더 중요해집니다.

프롬프트를 그룹으로 묶어 작성하기

프롬프트를 작성할 때, 주제+배경+스타일의 기본 구성과 순서를 지켜 작성하는 것이 도움이 됩니다. 가령,
인물에 대한 묘사를 하는 프롬프트는 '한 남자가 거리를 걷고 있다, 그는 검정색 양복을 입고 선글라스를 쓰고
있다.'처럼 한 대상을 지칭하는 프롬프트끼리 묶어 작성하는 것이 좋습니다. 또한 강조하고 싶은 요소가
있다면 같은 의미의 다른 프롬프트를 이어서 추가 작성하는 것도 구현에 도움을 줄 수 있습니다.

공식 미드저니 프롬프트 가이드

미드저니가 권장하는 프롬프트 작성 가이드

프롬프트 길이

프롬프트는 매우 간단할 수 있습니다. 한 단어(또는 이모티콘)로 이미지가 생성됩니다. 짧은 프롬프트는 미드저니의 기본 스타일에 크게 의존하므로 독특한 모양을 위해서는 더 설명적인 프롬프트가 좋습니다. 그러나 긴 프롬프트가 항상 더 나은 것은 아닙니다. 만들고 싶은 주요 개념에 집중하세요.

원하는 것에 집중하기

원하지 않는 것보다 원하는 것을 설명하는 것이 좋습니다. 케이크가 없는 파티를 요청한다면 이미지에는 케이크가 포함될 가능성이 높습니다. 특정 부정 요소를 제거하고 싶다면 매개변수(parameter)인 '--no <원하는 prompt>'를 사용해 보세요.

무엇이 중요한지 생각해 보기

원하는 만큼 구체적이거나 모호하게 작성하세요. 생략하는 내용은 무작위로 지정됩니다. 모호한 것은 다양성을 얻는 좋은 방법이지만 원하는 구체적인 세부 사항을 얻지 못할 수도 있습니다. 프롬프트는 기본적으로 주제, 스타일, 배경 요소, 색, 무드, 카메라 뷰, 조명 상태 등으로 구성됩니다.

집합명사 사용

복수형 단어는 많은 것을 우연에 맡깁니다. 특정 숫자를 사용해 보세요. '고양이 세 마리'는 '고양이'보다 더 구체적입니다. 집합명사는 '새' 대신 '새 떼'로도 사용됩니다.

선정적이거나 공격적인 이미지 피하기

미드저니 내에서 선정적이거나 공격적인 의미의 프롬프트는 사용할 수 없습니다. 어떤 것들은 인종 차별적이거나, 동성애 혐오적이거나, 혼란스럽거나 어떤 방식으로든 커뮤니티를 경멸하는 것으로 보일 수 있기 때문에 공격적이거나 모욕적인 것으로 간주될 수 있습니다. 여기에는 유명인이나 공인의 공격적이거나 선동적인 이미지가 포함됩니다. 이러한 콘텐츠들은 미드저니의 콘텐츠 지침에 따라 이미지 생성이 진행되지 않습니다.

프롬프트의 위치 바꿔 보기

생성된 이미지에 반영이 되지 않은 프롬프트가 있다면 해당 프롬프트를 앞으로 옮기거나, 이미 앞에 위치해 있는 프롬프트와 합쳐 보세요. 프롬프트 가중치를 직접 올릴 수 있지만 다른 프롬프트의 비중을 고루 반영하고 싶을 때의 좋은 방법입니다.

미드저니 사이트 레퍼런스 이용하기

미드저니에서 어떤 이미지를 만들어야 할지, 또는 만들고 싶은 이미지는 있는데 어떤 프롬프트를 써야 할지
모르겠다면, 미드저니 공식 사이트에서 레퍼런스를 참고하는 것을 추천합니다. 아직 이미지 카테고리 분류나
세부적인 탐색은 불가능하지만, 미드저니를 이용하는 많은 사람이 만든 다양한 이미지를 보고, 어떤
프롬프트를 썼는지 자유롭게 탐색할 수 있습니다.

이미지 생성에 사용된 프롬프트와 매개변수 등을 나만의 이미지에 맞게 수정·추가하여 이미지를 만드는
과정을 반복하다 보면, 특정 스타일을 생성하기 위한 나만의 프롬프트 조합들을 하나씩 만들어 갈 수
있습니다. 또한 곧 모두에게 사용 가능해질 미드저니 웹사이트를 통한 이미지 생성 서비스 또한,
다른 사람들이 만든 이미지와 프롬프트를 토대로 나만의 이미지를 생성할 수 있는 기능에 초점을 맞추어 가고
있으니, 미드저니 사이트를 통해 레퍼런스를 참고하고 나만의 스타일을 만들어 가는 것이 미드저니를
공부하는 가장 좋은 방법이라고 할 수 있겠습니다.

미드저니의 공식 이미지 갤러리 사이트는 처음엔 유료 구독자에 한해 열람이 가능했으나, 현재는
모든 사람이 이용 가능하게 되었습니다. 아직 미드저니 서비스를 이용하지 않더라도 사이트에
접속하여 사람들이 만든 이미지들을 구경해 보세요.

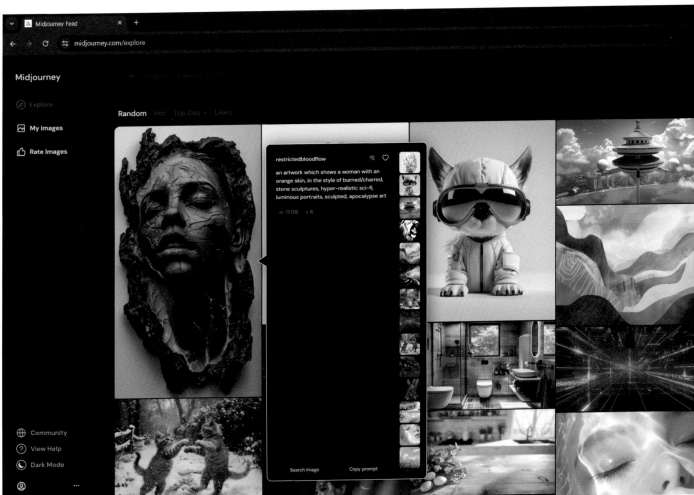

04. 미드저니 이미지 활용하기

Photoshop AI

미드저니에서 만든 이미지는 미드저니 내에서 다양한 방법으로 수정하거나 변경할 수 있지만, 아직까지 세부적인 이미지 수정은 어렵습니다. 그렇기 때문에, 생성 기능에 강한 미드저니에서 이미지를 만들고, 수정 기능에 강한 포토샵 AI에서 이미지를 수정하는 것을 추천합니다.

Runway Gen Series

Runway의 Gen Series는 미드저니에서 생성한 이미지를 영상으로 만들 수 있습니다. Gen Series의 Image Tab, 혹은 Image+Description Tab에서 내가 생성한 이미지를 넣고, 이미지에 대한 동적인 설명을 추가하면 내가 만든 이미지가 움직이는 영상을 얻을 수 있습니다.

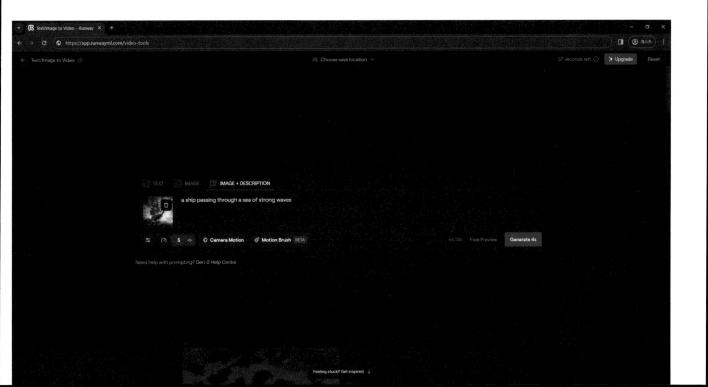

D-ID

AI로 만든 해리포터 발렌시아가 영상으로 화제가 된 AI 비디오 생성 서비스입니다. 이 곳에서 자신이 만든 인물 이미지와 인물이 말하고자 하는 대본을 입력하면, 자신이 만든 이미지 속 인물이 이야기를 하는 영상을 얻을 수 있습니다. D-ID는 기본적으로 제공하는 인물별 음성 프리셋이 있지만, 별도의 원하는 목소리가 있다면 Eleven-Labs라는 사이트에서 내가 원하는 인물의 음성을 간편하게 학습시켜 음성 파일을 얻을 수 있습니다.

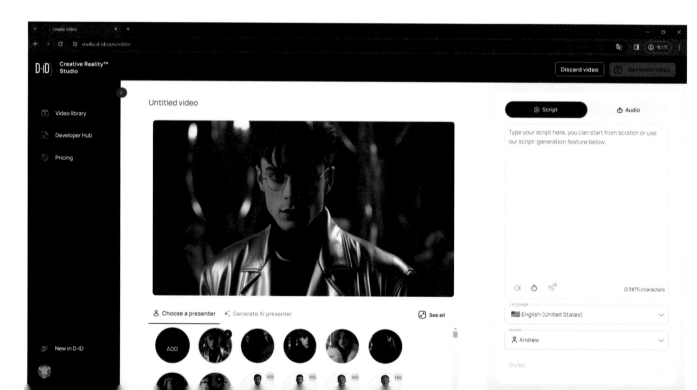

05. 프롬프트 아카이브: 주제

프롬프트 아카이브 개요

해당 챕터에서는 미드저니에서 이미지를 생성할 때, 도움이 될 만한 몇 가지 프롬프트를 카테고리별로 묶어
정리해 두었습니다. 이 책에서 다루는 프롬프트의 구성인 주제, 배경, 스타일을 중심으로 프롬프트를
이미지 미리보기 및 한글 번역과 함께 볼 수 있습니다.

미드저니에서 제공하는 프롬프트 예시와 더불어 다른 생성형 AI 이미지 툴에서 사용하는 단어형 프롬프트를
정리했으며, 해당 챕터를 통해 최소한 어떤 프롬프트들이 어떻게 사용되는지를 알아볼 수 있습니다.

인물 및 인종

Girl
소녀

a girl, photorealistic

Boy
소년

a girl, photorealistic

Female
여성

a female, photorealistic

Male
남성

a male, photorealistic

Baby
아기

a baby, photorealistic

Old Man
노인

an old man, photorealistic

Grandfather
할아버지

a grandfather, photorealistic

Grandmother
할머니

a grandmother, photorealistic

Twins
쌍둥이

twins, photorealistic

Asian
아시아인

an asian, photorealistic

Black Man
흑인

a black man, photorealistic

White Man
백인

an white man, photorealistic

감정 및 표정

Happy
행복한

a happy girl

Joyful Face
기뻐하는 표정

a girl with joyful face

Smiling Face
미소 짓는 표정

a girl with smiling face

Bright Face
밝은 표정

a girl with bright face

Ecstasy Face
환희하는 표정

a girl with ecstasy face

Light Smile
가벼운 표정

a girl with light smile

Surprised
놀란

a surprised girl

Shocked Face
충격받은 표정

a girl with shocked face

Astonished Face
놀란 표정

a girl with astonished face

Amazed Face
놀란 표정

a girl with amazed face

Gentle Face
온화한 표정

a girl with gentle face

Benevolent Face
인자한 표정

a girl with benevolent face

Easygoing Face

한가한 표정

a girl with easygoing face

Relaxed Expression

평온한 표정

a girl with relaxed expression

Outraged Face

분노한 표정

a girl with outrage face

Angry Face

화난 표정

a girl with angry face

Frightened Face

겁에 질린 표정

a girl with frightend face

Nervous Face

초조한 표정

a girl with nervous face

Worried Face

걱정스러운 표정

a girl with worried face

Despair Face

절망하는 표정

a girl with despair face

Lamented Face

안타까워하는 표정

a girl with lamented face

Sad Face

슬픈 표정

a girl with sad face

Sorrowful Face

슬픈 표정

a girl with sorrowful face

Gloomy Face

우울한 표정

a girl with gloomy face

Gloomy Expression

침울한 표정

a girl with gloomy expression

Desperate Face

간곡한 표정

a girl with desperate face

Pathetic Face

애처로운 표정

a girl with pathetic face

Miserable Face

비참한 표정

a girl with miserable face

Lonely

외로운

a lonely girl

Distressed Face

고통받는 표정

a girl with distressed face

Tearful Face

눈물을 흘리는 표정

a girl with tearful face

Serious Face

진지한 표정

a girl with serious face

Evil Face

사악한 표정

a girl with evil face

Scornful Face

멸시하는 표정

a girl with scornful face

Confused Face

혼란스러운 표정

a girl with confused face

Scoffing Face

비웃는 표정

a girl with scoffing face

Idea Face

생각하는 표정

a girl with idea face

Irritating Face

짜증난 표정

a girl with irritating face

Tired Face

피곤한 표정

a girl with tired face

Sleepy Face

졸린 표정

a girl with sleepy face

Drunken Face

취한 표정

a girl with drunken face

Pale Face

창백한 표정

a girl with pale face

얼굴 외형

High Cheekbones
높은 광대뼈

a girl with high cheekbones

Long Face
긴 얼굴형

a girl with long face

Oval Shaped Face
타원형 얼굴

a girl with oval shaped face

Sharp Face
날렵한 얼굴

a girl with sharp face

Pointed Face
뾰족한 얼굴

a girl with pointed face

Square Face
사각형 얼굴

a girl with square face

Round Face
타원형 얼굴

a girl with round face

Sharp Jawed
날렵한 턱

a sharp jawed girl

Wide Thin Lips
크고 얇은 입술

a girl with wide thin lips

Thick And Big Lips
두껍고 큰 입술

a girl with thick and big lips

Long Eyes
큰 눈

a girl with long eyes

Short Eyes
작은 눈

a girl with short eyes

Frowning Eyes
찌푸린 눈

a girl with frowning eyes

Empty Eyes
공허한 눈

a girl with empty eyes

Tearful eyes
울먹거리는 눈

a girl with tearful eyes

Dilated Pupils
확장된 동공

a girl with dilated pupils

Sconstricted Pupils
수축된 동공

a girl with sconstricted pupils

Glowing Pupils
빛나는 눈동자

a girl with glowing pupils

Closed Eyes
감은 눈

a girl with closed eyes

Open Mouth
열린 입

a girl opens her mouth

Close Mouth
닫힌 입

a girl closed her mouth

Broad Nose
넓은 코

a girl with broad nose

Long Nose
긴 코

a girl with long nose

Snout
들창코

a girl with a snout

Aquiline Nose
매부리 코

a girl with aquiline nose

Tall Nose
높은 코

a girl with tall nose

Small Nose
작은 코

a girl with small nose

헤어스타일

Short Cropped Hair
짧게 깎은 머리

a girl with short cropped hair

French Braid
한 갈래로 땋은 머리

a girl with french braid

Bun
긴 머리를 동그랗게 말아 고정시킨 머리

a girl with bun hair

Ponytail
포니테일

a girl with ponytail

Pigtail
하나 혹은 두 갈래로 묶은 머리

a girl with pigtail

Curly Hair
곱슬 머리

a girl with curly hair

Dreadlocks
드레드락 머리

a man with dreadlocks

Mohican
모히칸 머리

a man with mohican

Fauxhawk
가짜 모히칸 머리

a man with fauxhawk

Pompadour
무스로 넘긴 올백 머리

a man with pompadour

Crew Cut
스포츠 머리

a man with crew cut

Buzz Cut
군인 머리

a man with buzz cut

Updo
올림머리

a girl with updo hair style

Beehive
중세 시대의 위로 부풀린 머리

a girl with beehive hair

Afro Hair
아프로 머리

a girl with afro hair

Permanent Wave
파마

a girl with permanent wave

Straight Hair
생머리

a girl with straight hair

Wavy Hair
웨이브 머리

a girl with wavy hair

Messy Hair
헝클어진 머리

a girl with messy hair

Pixie Cut
픽시컷

a girl with pixie cut

Cornrows
콘로우

a girl with cornrows hair

Twin Braids
양갈래

a girl with twin braids

Side Braid
옆으로 땋은 머리

a girl with side braid

Blindfolded Bangs
눈을 가린 앞머리

a girl with blindfolded bangs

Princess Leia Style
레아 오르가나 헤어 스타일

a girl with princess leia style in star wars

Twintails
트윈테일

a girl with twintails, photorealistic

Princess Updo
공주 올림머리

a girl with princess updo

의상

Military Uniform

군복

a man wearing military uniform

Combat Uniform

전투용 군복

a man wearing combat uniform

Ballet Suit

발레복

a girl dancing in a ballet suit

Overalls

멜빵바지

a man wearing overalls

Pajamas

잠옷

a girl wearing pajamas

Suit

정장

a man wearing suit

Tuxedo

턱시도

a man wearing tuxedo

Bikesuit

자전거 슈트

a man wearing bikesuit

Pilot Suit

파일럿 슈트

a man is wearing pilot suit and helmet

School Uniform

교복

a girl wearing school uniform

Jumpsuit

점프 슈트

a man wearing jumpsuit

Cowboy Western

카우보이 복장

a man wearing cowboy western costume

Gown
가운

a girl wearing gown

Wedding Dress
웨딩 드레스

a girl wearing wedding dress

Mermaid Line Dress
머메이드 라인 드레스

a girl wearing mermaid line dress

Funeral Dress
장례식 드레스

a girl wearing funeral dress

Empire Line Dress
엠파이어 라인 드레스

a girl wearing empire line dress

Bell Line Dress
벨라인 드레스

a girl wearing bell line dress

Changpao
치파오

a girl wearing changpao

Vietnamese Dress
아오자이

a girl wearing vietnamese dress

Kimono
기모노

a girl wearing kimono

Yukata
유카타

a girl wearing yukata

Shirt
셔츠

a girl wearing white shirt

Collared Shirt
깃이 있는 셔츠

a girl wearing white collared shirt

Blouse
블라우스

a girl wearing white blouse

Sweater
스웨터

a girl wearing sweater

Rash Guard
래시가드

a girl wearing rash guard

Sweat Shirt

맨투맨

a man wearing sweat shirt

Jacket

자켓

a man wearing jacket

Blazer

블레이저

a man wearing blazer

Safari Jacket

사파리 자켓

a man wearing safari jacket

Coat

코트

a girl wearing coat

Overcoat

외투

a girl wearing overcoat

Raincoat

우비

a girl wearing raincoat

Tailcoat

연미복

a man wearing tailcoat

Trench Coat

트렌치 코트

a girl wearing trench coat

Fur Coat

모피 코트

a girl wearing fur coat

Hoodie

후드

a boy wearing hoodie

Sleeveless Hoodie

민소매 후드

a girl wearing sleeveless hoodie

Robe

로브

a girl wearing robe

Bathrobe

목욕 가운

a girl wearing bathrobe

Waistcoat

양복 조끼

a man wearing waistcoat

Cape
어깨를 덮는 망토

a girl wearing cape

Cardigan
가디건

a girl wearing cardigan

Jeans
청바지

a girl wearing jeans

Cutoff Jeans
청 반바지

a man wearing cutoff jeans

Long Skirt
긴 치마

a girl wearing long skirt

High Waist Skirt
배꼽 높이까지 올라오는 치마

a girl wearing high waist skirt

Layered Skirt
레이어드 스커트

a girl wearing layered skirt

Corset
코르셋

a girl wearing corset

Leggings
레깅스

a girl wearing leggings

Sneakers
스니커즈

wearing sneakers

High Top
하이탑

wearing high top

Loafers
로퍼

wearing loafers

Flat Shoes
플랫 슈즈

wearing flat shoes

Rubber Boots
고무 장화

wearing rubber boots

Sandals
샌들

wearing sandals

장신구

Hairband
머리띠

a girl with hairband

Headdress
머리 장식

a girl with headdress

Hair Ribbon
헤어 리본

a girl with hair ribbon

Bandana
반다나 두건

a man with bandana

Beret
베레모

a man with beret

Beanie
비니

a man with beanie

Jester Cap
광대 모자

a man with jester cap

Shako Cap
군용 모자

a man with shako cap

Witch Hat
마녀 모자

a girl with witch hat

Top Hat
마술사 모자

a man with top hat

Straw Hat
밀짚 모자

a girl with straw hat

Graduation Cat
학사모

a girl with graduation hat

Detective Hat
탐정 모자

a man with detective hat

Fedora
페도라 모자

a girl with fedora

Naval Cap
해군 모자

a man with naval cap

Bicorne
해적 모자

a girl with bicorne

Visor
바이저 헬멧

a girl with visor

Diving Helmet
다이빙 헬멧

a girl with diving helmet

Pickelhaube
독일군 헬멧

a man with picklhaube

Crowns
왕관

a girl with crowns

Tiara
티아라

a girl with tiara

Goggles
고글

a girl with goggles

Monocle
단안경

an old man with monocle

Shooting Glasses
사격용 안경

a man with shooting glasses

Opera Glasses
오페라 안경

a girl with opera glasses

Flight Goggles
비행 고글

a man with flight goggles

Aviator Sunglasses
비행사용 선글라스

a man with aviator sunglasses

Wrestling Mask
레슬링 마스크

a man wearing wrestling mask

Sleep Mask
안대

a girl wearing sleep mask

Plague Doctor Mask
역병 의사 가면

a man wearing plague doctor mask

Oni Mask
오니 마스크

a man wearing oni mask

Carnival Mask
연회용 가면

a girl wearing carnival mask

Hockey Mask
하키 가면

a man wearing hockey mask

Skull Mask
해골 가면

a man wearing skull mask

Gas Mask
가스 마스크

a man wearing gas mask

Oxygen Mask
산소 마스크

a man wearing oxygen mask

Surgical Mask
수술용 마스크

a man wearing surgical mask

Neckerchief
목도리

a girl wearing neckerchief

Scarf
스카프

a girl wearing scarf

Staff ID Card
사원증

a staff id card

Headphones
헤드폰

a girl wearing headphones around her neck

Earrings
귀걸이

a girl wearing earrings

행동

Walking
걷기

A girl is walking down the street

Running
달리기

a girl is running on a track

Jumping
뛰기

a girl is jumping from the top of a mountain

Balancing
균형을 잡기

A girl is balancing on one leg

Superhero Landing Pose
히어로 착륙 포즈

A man is doing a superhero landing pose

Stretching
스트레칭하기

A girl is stretching in her room

Fighting Position
싸우는 자세를 잡기

A man is in a fighting position

Sitting
앉기

A woman is sitting in a chair

Squatting
몸을 구부리기

A woman is doing a squat position

Lying
눕기

A woman is lying on a cloud

Crossed Legs
다리를 꼬기

A woman is sitting in a chair with her legs crossed

Leaning
기대기

A woman is leaning against a wall

Hugging
껴안기

a girl is hugging a teddy bear

Squinting
눈을 가늘게 뜨기

a girl squints at the viewer

Sobbing
흐느껴 울기

a girl sobbed

Coughing
기침하기

a girl is coughing

Swallowing
삼키기

a girl swallows a pill

Salute
경례하기

a man salutes

High Five
하이파이브하기

two girls high-five

Whispering
속삭이기

a child whispers to her father

Praying
기도하기

a girl prays earnestly

Gardening
정원을 가꾸기

a girl is gardening in a good mood

Dreaming
꿈꾸기

the girl in pajamas is having a pleasant dream

Singing
노래하기

a singer sings on stage

Smoking
담배를 피기

a side view of a man smoking on the veranda

Fleeing
도망치기

a woman is fleeing in a hurry

Eavesdropping
엿듣기

a girl is eavesdropping with her ears on the wall

Screaming
비명을 지르기

a screaming girl

Drinking
마시기

a child who drinking milk

Snowball Fight
눈싸움하기

two children are having a snowball fight outside

Cheering
응원하기

a girl who is passionately cheering for the game

Fidgeting
초조해하기

a girl fidgeting

Driving
운전하기

a man is driving a car

Baking
빵을 굽기

a baker is baking bread

Hopping
껑충 뛰기

a girl hopping around the stream

Shopping
쇼핑하기

a woman is shopping

Begging
구걸하기

a man is begging on the side of the road

Take Aim
조준하기

a man is aiming a gun

Roaring
포효하기

a man is roaring

Whistling
휘파람을 불기

a girl whistling in a good mood

Juggling
저글링하기

a circus member is juggling, motion blur

Healing
치유하기

the mother is healing the child

06. 프롬프트 아카이브: 환경

배경(현실)

Hospital
병원

hospital

Restaurant
음식점

restaurant

Gym
체육관

gym

Shopping Mall
쇼핑몰

shopping mall

Office
사무실

office

Airport
공항

airport

Library
도서관

library

Movie Theater
영화관

movie theater

Hotel
호텔

hotel

Museum
박물관

museum

Cafe
카페

cafe, cozycore

Bank
은행

inside of bank

Supermarket

슈퍼마켓

supermarket

Concert Hall

콘서트 홀

concert hall

Spa

스파

spa

Bar

술집

bar

Lecture Hall

강의실

university lecture hall

Police Station

경찰서

police station

Stadium

경기장

stadium

Church

교회

church

Dentist's Office

치과

dentist's office

Clothing Store

의류 매장

clothing store

Post Office

우체국

post office

School Gymnasium

학교 체육관

school gymnasium

Theater

연극장

theater

Bowling Alley

볼링장

bowling alley

Car DealerShip

자동차 대리점

car dealership

Hospital Waiting Room
병원 대기실

hospital waiting room

Conference Room
회의실

conference room

Arcade
게임 센터

arcade

Daycare Center
어린이집

daycare center

Hair Salon
미용실

hair salon

Pet Store
반려동물 가게

pet store

Laboratory
실험실

laboratory

Train Station
기차역

train station

School Cafeteria
학교 식당

school cafeteria

Yoga Studio
요가 스튜디오

yoga studio

Recording Studio
녹음 스튜디오

recording studio

Swimming Pool
수영장

swimming pool

Doctor's Office
의사 진료실

doctor's office

Escape Room
방탈출

escape room

Art Gallery
미술관

art gallery

Hotel Lobby
호텔 로비

hotel lobby

Dance Studio
댄스 스튜디오

dance studio

Wedding Venue
결혼식 장소

wedding venue

Laboratory Clean Room
실험실 청결실

laboratory clean room

Park
공원

park

Beach
해변

beach

Forest
숲

forest

Playground
놀이터

playground

Zoo
동물원

zoo

Sports Stadium
스포츠 경기장

sports stadium

Botanical Garden
식물원

botanical garden

Camping Site
캠핑장

camping site

Hiking Trail
하이킹 코스

hiking trail

Picnic Area
소풍장

picnic area

Skate Park
스케이트 파크

skate park

Golf Course
골프 코스

golf course

Farm
농장

farm

Vineyard
포도 농장

vineyard

Amusement Park
놀이공원

amusement park

Riverbank
강변

riverbank

Mountain Peak
산 정상

mountain peak

Botanical Reserve
식물 보호 구역

botanical reserve

National Park
국립 공원

national park

Outdoor Concert Venue
야외 콘서트 장소

outdoor concert venue

Bike Trail
자전거 도로

bike trail

Port Of Marina
마리나

port of marina

Ski Resort
스키 리조트

ski resort

Street Market
거리 시장

street market

Waterfall
폭포

waterfall

City Square
도시 광장

city square

Historical Landmark

역사적인 유적지

historical landmark

Wildlife Reserve

야생 동물 보호구역

wildlife reserve

Botanical Park

식물 공원

botanical park

Lakeside

호숫가

lakeside

Dog Park

강아지 공원

dog park

Race Track

경주 트랙

race track

Orchard

과수원

orchard

River delta

강 삼각주

river delta

Bird Sanctuary

조류 보호구역

bird sanctuary

Outdoor Gym

야외 체육관

outdoor gym

Archery range

양궁장

archery range

Historical Battlefield

역사적 전투지

historical battlefield

Desert Oasis

사막 오아시스

desert oasis

Farmland

농지

farmland

Botanical Conservatory

식물 보존소

botanical conservatory

배경(판타지)

Wizard's Tower
마법사의 탑

wizard's tower

Enchanted Castle
마법의 성

enchanted castle

Alchemist's Laboratory
연금술사의 실험실

alchemist's laboratory

Fairy Tavern
요정의 술집

fairy tavern

Dragon's Lair
용의 소굴

dragon's lair

Crystal Cavern
수정 동굴

crystal cavern

Elf Village Hall
엘프의 마을 회관

elf village hall

Witch's Cottage
마녀의 오두막

witch's cottage

Sorcerer's Library
주술사의 도서관

sorcerer's library

Goblin Market
고블린 시장

goblin market

Mermaid Lagoon
인어의 연못

mermaid lagoon

Vampire Mansion
흡혈귀 저택

vampire mansion

Troll Bridge
트롤 다리

troll bridge

Phoenix Nest
불사조의 둥지

phoenix nest

Unicorn Stable
유니콘의 마굿간

unicorn stable

Wizard's Academy
마법사 학교

wizard's academy

Enchanted Forest Cabin
마법의 숲 오두막

enchanted forest cabin

Dwarf Forge
드워프 대장간

dwarf forge

Fairy Queen's Palace
요정 여왕의 궁전

fairy queen's palace

Ogre's Kitchen
오우거의 부엌

ogre's kitchen

Warlock's Study
마법사의 연구실

warlock's study

Elemental Temple
정령의 사원

elemental temple

Pixie Dance Hall
픽시 무도회장

pixie dance hall

Nymph Sanctuary
님프 성역

nymph sanctuary

Unicorn Meadow
유니콘의 초원

unicorn meadow

Basilisk Den
바실리스크 소굴

basilisk den

Griffin Aviary
그리핀 새장

griffin aviary

Witch doctor's Hut
주술사의 오두막

Witch doctor's hut

Fairy Ring Circle
요정의 고리

Fairy ring circle

Minotaur Labyrinth
미노타우로스 미로

Minotaur labyrinth

Sphinx Chamber
스핑크스 방

Sphinx chamber

Gargoyle Perch
가고일의 횃대

Gargoyle perch

Chimera Laboratory
키메라 실험실

Chimera laboratory

Genie's Lamp Chamber
지니의 등잔 방

Genie's lamp chamber

Hydra Pool
히드라 수영장

Hydra pool

Banshee Haunt
반시 유령의 서식지

Banshee haunt

Elemental Nexus
정령의 중심지

Elemental nexus

Djinn Market
진 마켓

Djinn market

Lich's Crypt
리치의 비밀실

Lich's crypt

Golem Workshop
골렘 작업장

Golem workshop

Specter's Haunt
유령의 서식지

Specter's haunt

Ogre Feast Hall
오우거 연회장

Ogre feast hall

화면 구성

High Angle Shot
하이앵글 뷰

a picture of a street from a high angle view

Aerial View
항공 뷰

an aerial view of a city

Wide Angle
광각

a wide angle view of the ranch

Bird's Eye View
조감도

a bird's eye view of a future city

Low Angle Shot
로우 앵글 샷

low angle shot of the building

Extreme Low Angle Shot
극 로우 앵글 샷

extreme low angle shot of baobab tree

Eye Level Shot
눈높이 샷

an eye level shot of the sea

Detailed Shot
디테일 샷

a detailed shot of a diamond

Miniature Shots
미니어처 화면 구성

miniature shots of the city

Extreme Close Up Shot
초근접 샷

an extreme close up shot of an apple

Dutch Angle Shot
기울어진 화면 구성

dutch angle of a city, tilted shot, dynamic shot

Off Center Close Up
중앙 외 근접 샷

off center close up of an amusement park

Side Angle Shot
사이드 앵글 샷

a man's side shot

Fish Eye View
어안 렌즈 뷰

fish eye view of hallway

Shot From Behind
뒤에서 찍은 샷

a shot from the behind of a man

Silhouette Shot
실루엣 샷

a silhouette shot of a swan

Dutch Angle Shot
비스듬히 기울여 촬영

a dutch angle shot of a man

Drone View
드론 뷰

drone view of the city

Candid Shot
자연스러운 촬영

a candid shot of a girl, cozycore

Dynamic Angle
역동적인 화면 구성

superman and batman battle, dynamic angle

Top View
직각 위에서 본 화면 구성

top view of the city

Full Body Shot
전신 촬영

a man is walking, full body shot

Upper Body
상반신

a picture of a man's upper body

Modelshoot Style
모델 촬영 스타일

a girl's modelshoot style

Face Only
얼굴만

a girl's selfie, face only

Oblique Shot
인체 얼굴 각도가 기울어진 화면 구성

a girl's oblique shot

Knee Shot
무릎이 보이는 화면 구성

a girl's knee shot

07. 프롬프트 아카이브: 스타일

효과 및 광원

Bokeh
보케 효과

the city's christmas scenery, bokeh effect

Star Symbol
별 모양의 그래픽 심볼

vector style city illustration, sparkling star symbol effect

Luminous
야광 효과

girl walking on the night street, luminous effect

Shiny
빛에 의해 반짝이는 효과

a girl taking a walk in a flower field, shiny effect

Glossy
빛에 의해 반짝이는 효과

smooth texture of black material, glossy effect

Flare
플레어 효과

the twilight of the city, lens flare effect

Shiny Abstract Line
빛나는 선 효과

a man running through the night, shiny abstract line effect

Light Leak
빛 누출 효과

polaroid photo of the room, light leak effect

Shiny Glitter
글리터 효과

a girl's oblique shot, shiny glitter effect

Muzzle Flash
총을 쏠 때 빛나는 효과

a man is shooting, muzzle flash effect

Fire Effect
불 효과

dragon and knight's fight, fire effect

Flame Effect
화염 효과

dragon destroys the city, flame effect

Spark Effect
전기 효과

shining spheres, spark effect

Lightning Effect
번개 효과

an uneasy medieval village,
lightning effect

Wind Effect
바람 효과

woman walking in a long dress,
wind effect

Wave Effect
파도 효과

the landscape of the harbor city,
wave effect

Magical Effect
마법 효과

an witch is looking at the orb,
magical effect

Scatter Effect
흩뿌리는 효과

abstract painting, scatter effect

Light Rays Effect
광선 효과

a dusty empty room, light rays
effect

Speed Lines Effect
스피드 선 효과

a side view of a man running at full
speed, speed lines effect

Trembling Effect
떨림 효과

an earthquake stricken city,
trembling effect

Blur Effect
흐림 효과

a large botanical garden, patial
blur effect

Motion Blur
모션 블러 효과

a dancing man, motion blur

Light Particle Effect
빛나는 입자 효과

a city festival, light particle effect

Top Light Effect
위에서 비추는 조명 효과

a woman singing on stage, top
light effect

Side Light Effect
옆에서 비추는 조명 효과

a woman singing on stage, side
light effect

Direct Sunlight
직사광선

a woman smiling with a straw hat,
strong shadow, direct sunlight

Sunlight
햇빛

a sunflower, sunlight

Natural Light
자연광

an apple, natural light

Moonlight
달빛

the back of a woman walking in a tranquil rural village, moonlight

Cloudy Skies
안개 낀 조명

forest, cloudy skies

Overcast
흐리게 하다

lake view, overcast effect

Firelight
불에 비친 주변광 연출

an adventurer who camps out, firelight

Candlelight
양초에 비친 주변광 연출

a woman walking in a room with a candle, candlelight effect

Table Lamps
테이블 조명

a woman sitting in a room resting, table lamps

Floor Lamps
바닥 조명

a dark room hallway, floor lamps

Butterfly Lighting
빛나는 나비 조명

a girl in the woods, butterfly lighting

Ring Lights
인물 사진용 원형 광원 조명

a model's studio photo, face only, ring lights effect

Halogen Bulbs Lights
일반 전구 조명

a room, halogen bulbs lights

LED Lights
LED 조명

a room, LED lights

Reflections Lights
극단적인 반사광

the girl playing with water, the sunset, reflection lights

Split Lighting
분할 조명

a girl's photo, split lighting

Rim Lighting

가장자리만을 밝게 비추는 역광 효과

the back of a girl, rim lighting

Backlighting

역광

the back of a girl, backlighting

Low Key Lighting

약한 단일 광원

an apple, low key lighting

High Key Lighting

강한 단일 광원

an apple, high key lighting

Studio Lights

스튜디오 조명

a girl in studio, studio lights

Softbox Lighting

스튜디오용 소프트 박스 조명

a girl in studio, softbox lighting

Umbrella Lighting

스튜디오용 우산 조명

a girl in studio, umbrella lighting

Cinematic Lighting

영화 조명

a girl in street, cinematic lighting

Spotlighting

스포트라이트

a girl on the stage, spotlighting

Strobe Lights

무대용 강한 조명

a girl on the stage, strobe lights

Fresnel Lighting

스포트라이트 조명 효과

a girl on the stage, fresnel lighting

Laser Lighting

무대 레이저 조명 효과

a girl on the stage, laser lighting

neon lights

네온 조명

a cyberpunk-style girl, neon lights

Window Light

창을 통해 비친 실루엣 조명 효과

a dusty room, window light

Flood light

투광 조명

a dusty room, flood light

장르 및 표현 방식

Painting
회화

a painting of a girl

Oil Painting
유화

an oil painting of a girl

Acrylic Painting
아크릴화

an acylic painting of a girl

Spray paint
스프레이 그림

a spray paint of a girl

Watercolor Sketch
수채화 스케치

an watercolor sketch of a girl

Watercolor Painting
수채화 스타일

an watercolor painting of a girl

Chalk
분필

a picture of a girl in chalk

Crayon
크레용

a picture of a girl in crayon

Pastel
파스텔

a picture of a girl in pastel

Photorealistic
사실적인

an apple, photorealistic

Photorealism
사실주의

an apple, photorealism

Hyperrealistic
극사실주의

an apple, hyperrealistic

Cinematic
영화적인

a girl is walking, cinematic style

HD Wallpaper
월페이퍼 스타일

a village, HD wallpaper

Film Still
필름 스틸

a girl is walking, film still

Expired Polaroid
오래된 폴라로이드

a girl's candid shot, expired polaroid

2D Game Art
2D 게임 아트

wizards fighting dragons, 2D game art style

16bit Adventure Game
16비트 게임 스타일

wizards fighting dragons, 16bit adventure game style

Vector Illustration
벡터 일러스트레이션

a girl's dreamland, vector illustration

Pencil Sketch
연필 스케치

a girl, pencil sketch, monochrome

Graphic Design
그래픽 디자인

a red car and blue ocean, graphic design

Vector Graphic
벡터 스타일 그래픽

a red car, graphic design

Artwork
아트워크

a girl's dreamland, artwork

Photographic Portrait
사진 형태의 초상화

a girl, photographic portrait

Cartoon
카툰 스타일

a girl is talking to a boy, cartoon style

Poster Design
포스터 디자인

black and white metallic poster design, grain and noise

Billboard Design
전광판 디자인

a milk ad in billboard, billboard design

3D Animation

3D 애니메이션 스타일

a carrot and bunny, 3D animation style

3D Graffiti

3D 그래피티

a devil, 3D graffiti style

Biological Illustration

생물 삽화

a goldfish, biological illustration

Blueprint

청사진

a drawing of a house, blueprint

Clay Animation

클레이 애니메이션

a bunny, clay animation style

Diorama

디오라마

a town's diorama

Paper Quilling

종이 퀼링

a girl, paper quilling

Paper Craft

종이 공예

a paper craft of lion

Woodworking

목공

a goat's woodworking

Handdrawn

손으로 그린 스케치

a girl, handdrawn style

Cottagecore

서구권 시골의 전통적인 느낌

a girl is stretching, cottagecore

Southern Gothic

남부 고딕 스타일

a girl is drinking tea, southern gothic style

Soft Focus Nostalgia

부드러운 노스텔지아 효과

a girl is drinking tea, soft focus nostalgia style

Associated Press Photo

언론 사진 스타일

the scene of the criminal's arrest, associated press photo

80`S VHS Style

80년대 VHS 스타일

a picture of a man driving a car, 80's VHS style

Fashion Board
패션 보드

a pink-themed fashion board

Inspiration Board
무드 보드 스타일

inspiration board of cozycore

Scenic Photography
풍경 사진

scenic photography of a town

Dark Fantasy
다크 판타지

a boy going on an adventure, dark fantasy style

Pixel Art
픽셀 아트

a car and a palm tree, pixel art style

Semi Realistic
반 실사체

a girl's anime style illustration, semi realistic

Deselpunk
디젤 펑크

a car, deselpunk

Cyberpunk
사이버 펑크

a car, cyberpunk

Cryptopunk
크립토 펑크

a car, cryptopunk

Cover Page
커버 표지

cover page of orange juice advertising model

Video Game Cover
비디오 게임 표지

video game cover of orange juice advertising model

Magazine Cover
잡지 커버 표지

a car's magazine cover

Manga Cover
만화 표지

a car model's manga cover, anime style

Ukiyoe
우키요에

a man walking on the streets of the city, ukiyoe style

Art Deco
아르데코

art deco style's girl

Art Nouveau
아르누보

art nouveau style's girl

Romanticism
낭만주의

romanticism style's girl

Renaissance
르네상스

renaissance style's girl

Baroque
바로크

baroque style's girl

Rococo
로코코

rococo style's girl

Impressionism
인상주의

impressionism style's girl

Minimalism
미니멀리즘

minimalism style's girl

Contrapposto
콘트라포스토

contrapposto style's girl

Surreal
초현실주의

abstact city, surreal

Felted Wool
양모펠트

felted wool of a bunny

Tarot Card
타로카드 스타일

a witch and moon, tarot card style

Retro Futuristic
복고풍 미래지향

retro futuristic style of a city

Stained Glass Window
스테인드 글라스

a girl of stained glass window

Anime
일본 애니메이션 스타일

anime style of a girl

Retro Pop Art
레트로 팝아트 스타일

retro pop art of a girl

아티스트 및 추가 레퍼런스

Hiroshi Sugimoto
스기모토 히로시

a theater, Hiroshi Sugimoto style

Alphonse Mucha
알퐁스 무하

a girl's illustration, Alphonse Mucha style

Phoebe Anna Traquair
피비 안나 트라케어

a boy standing on a field of wheat, Phoebe Anna Traquair style

William Morris
윌리엄 모리스

a boy's illustration, William Morris style

Willem Haenraets
윌렘 핸라에츠

a city of colorful lights, Willem Haenraets style

Guido Crepax
귀도 크레팍스

a girl's illustarion, Guido Crepax style

Leonid Afremov
레오니드 아프레모프

a colorful street tree at night, Leonid Afremov style

Alex Ross
앨릭스 로스

superman illustration, Alex Ross style

Wes Anderson
웨스 앤더슨

the back of a girl walking in the hallway, Wes Anderson style

Jon Burgerman
존 버저만

people's pizza party, Jon Burgerman style

Allie Brosh
앨리 브로쉬

a goldfish's illustration, Allie Brosh style

Atey Ghailan
에이티 게일런

the boy fighting goblin, night forest, Atey Ghailan style

Award Winning
상을 받은

a car's concept design, award winning

Professional
전문적인

sea and seagull, professional photo

Awe Inspiring
경외감을 불러일으키는

an aerial island, awe inspiring

Vray
브이레이

an astronaut character design, 3D illustration, vray

Artstation
아트스테이션

diselpunk car design, artstation

Netflix Poster
넷플릭스 포스터

dark corridors and white pigeons, netflix poster style

Unsplash
언스플래쉬

a candid shot of a girl, cozycore, unsplash

National Geography
내셔널 지오그래피

a sailboat floating in the sea, calm, national geography style

Screengrab From The Movie ○○○
영화 레퍼런스

a wizard and a dragon, screengrab from the movie 'Harry Potter'

Unreal Engine
언리얼 엔진

the snowy grand canyon, unreal engine

DC Comics
디씨 코믹스

battle of superman and spider man, DC comics style

Marvel Comics
마블 코믹스

battle of superman and spider man, Marvel Comics style

Pixar Style
픽사 스타일

battle of superman and spider man,pixar 3D animation style

Octane
옥테인 렌더

a hat wearing machine scorpion, octane render

Figma Style
피그마 스타일

playlist user interface design, mobile app, ios, Figma style

08. 이미지 아카이브

01. 현실적인 사진

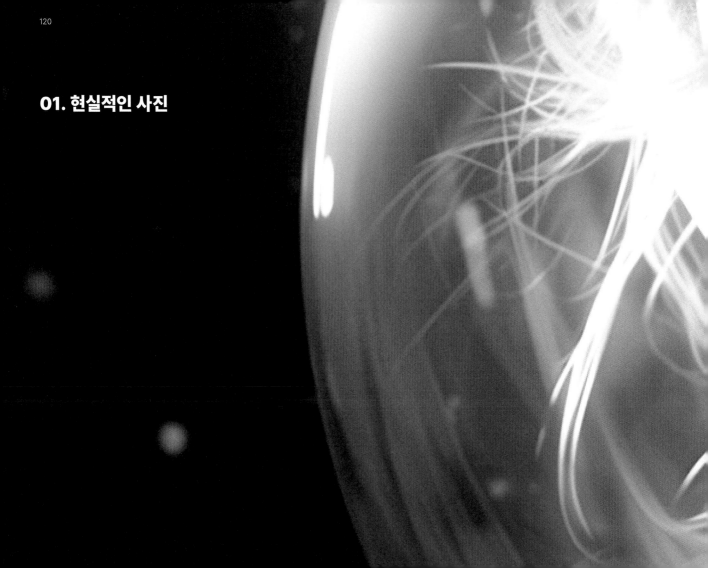

프롬프트

In The Style Of Ritualistic Masks, Intricate Floral Arrangements, Light Gold And Light Amber, Realistic Hyperrealism, Made Of Wire, Rococo Inspired

프롬프트 번역

의식용 마스크 스타일, 섬세한 꽃 장식, 라이트 골드와 라이트 앰버, 극사실주의, 와이어로 만든, 로코코 스타일의 영감을 받은

프롬프트

An Astronaut Sitting Chair Next To Speakers, Dark Azure And Gold, In The Style Of Photorealistic Surrealism, Hip Hop Aesthetics, Gigantic Scale, Rich Textures, Bugcore, Voigtlander Bessa R2m

프롬프트 번역

스피커 옆의 의자에 앉아 있는 우주 비행사, 어두운 하늘색과 금색, 사실적인 초현실주의 스타일, 힙합 미학, 거대한 스케일, 풍부한 질감, 버그코어, Voigtlander Bessa R2m(카메라)

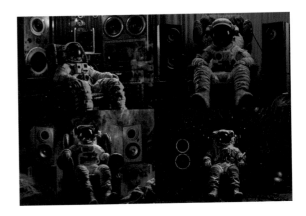

프롬프트

A Lady At A Restaurant With A Cute Sheep, Pink Theme, Contemporary Realist Portraiture,
National Geographic Photo, Hyper Realistic, Hasselblad 1600f --s 450

프롬프트 번역

식당에서 귀여운 양과 함께 있는 한 여성, 핑크색 테마, 현대 사실주의 초상화, 내셔널 지오그래픽 사진,
극사실주의, hasselblad 1600f(카메라) --스타일 450

프롬프트

Low Angle Shot Of A Chinese Woman Is Praying At Home With A Vr Device On Her Head,
Modern Interior, Strong Focus, High Quality Textures

프롬프트 번역

집에서 VR 장치를 머리에 착용하고 기도하는 한 중국 여성, 현대적인 인테리어, 강한 초점, 높은 퀄리티의
질감

프롬프트

A Race Car Driven Through Space, Energetic Lines, Colorful Cityscapes, Gigantic Planet And Space Station, Exaggerated Scenes, Spectacular Backdrops, Hyperrealistic

프롬프트 번역

우주를 달리는 레이싱카, 활기찬 선들, 화려한 도시 풍경들, 거대한 행성과 우주 정거장, 과장된 장면들, 장관을 이루는 배경들, 극사실적인

02. 3D 모델링

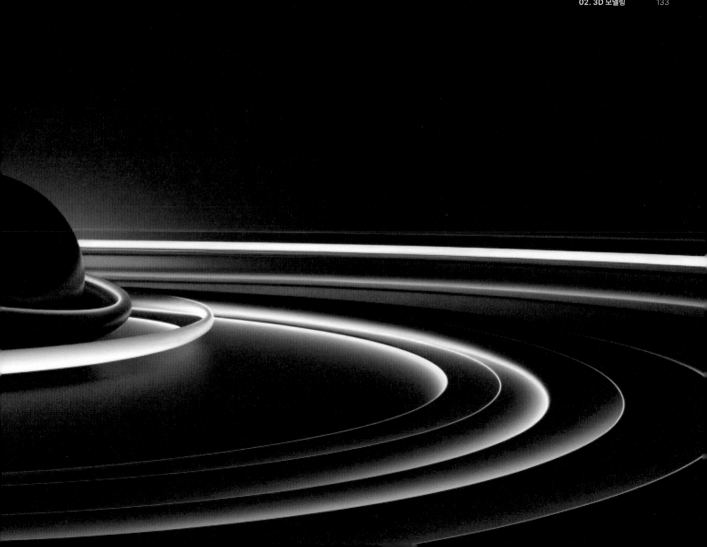

프롬프트

3D Character Design Of An Astronaut Girl, Astronaut Helmet, Visor, Closed Eyes, Albino, Chic Face, Space Background, Holograpic And Gradient, Vray Tracing, Realistic Figures, Hyper Realistic Portraits, Zbrush, Expressive Character Design

프롬프트 번역

우주비행사 소녀의 3D 캐릭터 디자인, 우주비행사 헬멧, 바이저, 닫힌 눈, 알비노, 시크한 얼굴, 우주 배경, 홀로그램 및 그라데이션, 브이레이 트레이싱, 사실적 인물, 초실감 초상화, Zbrush, 표현이 풍부한 캐릭터 디자인

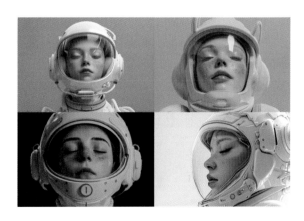

프롬프트

Attractive Alien Characters Walking Down A Busy Street, In The Style Of Rendered In Unreal Engine 5, Pixar Style, Photorealistic Scenes, Pixar Style, Blender, Impressive Character Design, Rounding Theme

프롬프트 번역

번화한 거리를 걷는 매력적인 외계인 캐릭터, 언리얼 엔진 5에서 렌더링된 스타일, 픽사 스타일, 포토리얼리즘 장면, 픽사 스타일, 블렌더, 인상적인 캐릭터 디자인, 라운딩 테마

프롬프트

Young Boy And Dragon, In The Style Of Rendered In Cinema4D, Gigantic Scale, Cartoonish Innocence, Cinematic, Flim Still, Sharp And Prickly, Forced Perspective, Subtle Lighting

프롬프트 번역

어린 소년과 드래곤, 시네마4D 렌더링 스타일, 거대한 스케일, 만화 같은 순수함, 영화적인, 스틸 컷, 날카롭고 뾰족한, 강제 원근법, 은은한 조명

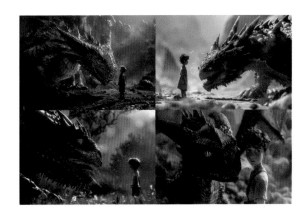

프롬프트

A Motorcycle With A Bright Orange Color And The Black Background, Bauhaus Simplicity, Industrial-Inspired, In The Style Of Jessica Rossier, Constantin Brancusi, Hasselblad 1600f

프롬프트 번역

밝은 오렌지색의 오토바이와 검정 배경, 바우하우스 스타일의 단순성, 산업에서 영감을 받은, 제시카 로시의 스타일, 콘스탄틴 브루쿠시, Hasselblad 1600f(카메라)

프롬프트

Image Of A Futuristic Robot On A Concrete Surface, black and beige color, Manticore, Steel and Iron Frame Construction, In The Style Of Realistic And Hyper Detailed Renderings, Exaggerated Poses, Richard Bergh, Angenieux 45-90mm F/2.8

프롬프트 번역

콘크리트 표면에 있는 미래형 로봇의 이미지, 블랙과 베이지 색상, 만티코어, 강철 및 철골 구조, 사실적이고 매우 세부적인 렌더링의 스타일, 과장된 포즈, 리처드 버그, Angenieux 45-90mm F/2.8(카메라)

03. 일러스트레이션

프롬프트

Illustration About A Group Of People, In The Style Of Jon Burgerman, Pink And Indigo,
Intricate Pen Illustrator, Fluorescent Colors, Spontaneous Marks, Romantic Illustration --s
400 --Niji5

프롬프트 번역

여러 사람이 모인 일러스트, 존 버거맨 스타일, 핑크와 인디고, 섬세한 펜 일러스트레이터, 형광색,
즉흥적인 마크, 로맨틱한 일러스트레이션 --스타일 400 --니지저니 버전5

프롬프트

A Girl In The Style Of Citypop, 1980s Anime, Chic Face, Big Eyes, Light Smile, In The Style Of
Japanese Manga Style, Clear, Nostalgic, Soft Edged --s 400 --Niji5

프롬프트 번역

시티팝 스타일의 소녀, 1980년대 애니메이션, 시크한 얼굴, 큰 눈, 밝은 미소, 일본 만화 스타일, 선명한,
향수를 불러일으키는, 부드러운 가장자리 --스타일 400 --니지저니 버전5

프롬프트

Dream Girl Sit In The Style Of Bold Graphic Style, Bright Yellow And Green, With Moon
And Stars, Elegant Lines, Colorful Costumes, Stripes And Shapes, Chic Illustrations, White
Background, Flat, Cliff Chian --s 400 --Niji5

프롬프트 번역

두꺼운 그래픽 스타일의 꿈 소녀, 밝은 노랑과 초록, 달과 별들, 우아한 선, 컬러풀한 의상, 줄무늬와 도형들,
시크한 일러스트레이션, 흰 배경, 평평한, 클리프 치앙 --스타일 400 --니지저니 버전5

프롬프트

The Streets Of Osaka In The Style Of Pixel Art, Delicate Pixel Art, Atmospheric Environments,
Indigo And Light Pink, Abstracted Realism, Web Based Art --Niji5

프롬프트 번역

픽셀 스타일의 오사카 거리, 섬세한 픽셀 아트, 분위기 있는 환경, 인디고와 밝은 핑크, 추상적인 리얼리즘,
웹에 기반한 아트 --니지저니 버전5

프롬프트

Vector Illustration Style Printing Of Ancient Chinese Palace, Flat And Minimalism, Pastel Red And Pastel Green, Bold Graphics, Classicism --s 200 --Niji5

프롬프트 번역

벡터 일러스트레이션 스타일의 고대 중국 궁전, 플랫과 미니멀리즘, 파스텔 레드와 파스텔 그린, 두꺼운 그래픽, 고전주의 --스타일 200 --니지저니 버전5

04. 예술 & 디자인

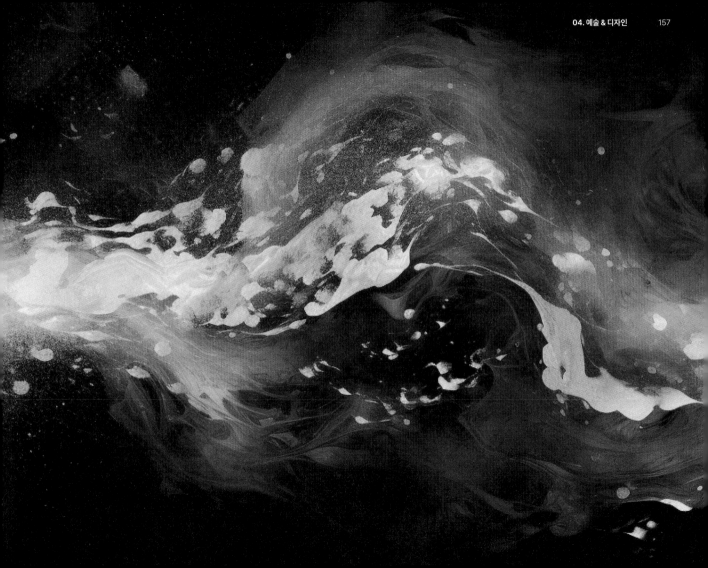

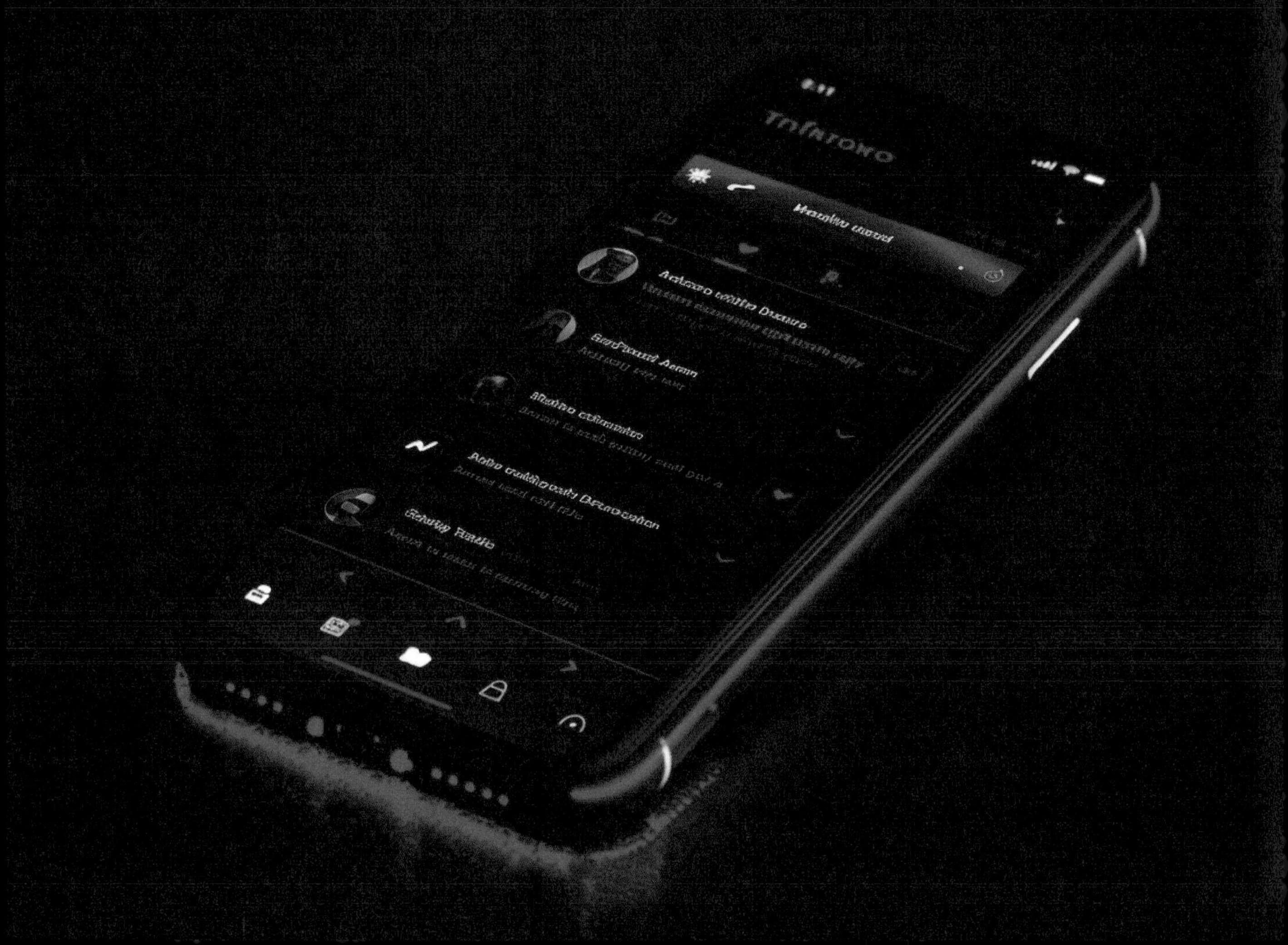

프롬프트

Playlist User Interface Design, Youtube-Themed Application Design, Red And Black Color,
Mobile App, Iphone, Figma Ui Design --s 250

프롬프트 번역

플레이리스트의 유저 인터페이스 디자인, 유튜브 테마의 애플리케이션 디자인, 레드와 블랙 컬러,
모바일 어플, 아이폰, 피그마 UI 디자인 --스타일 250

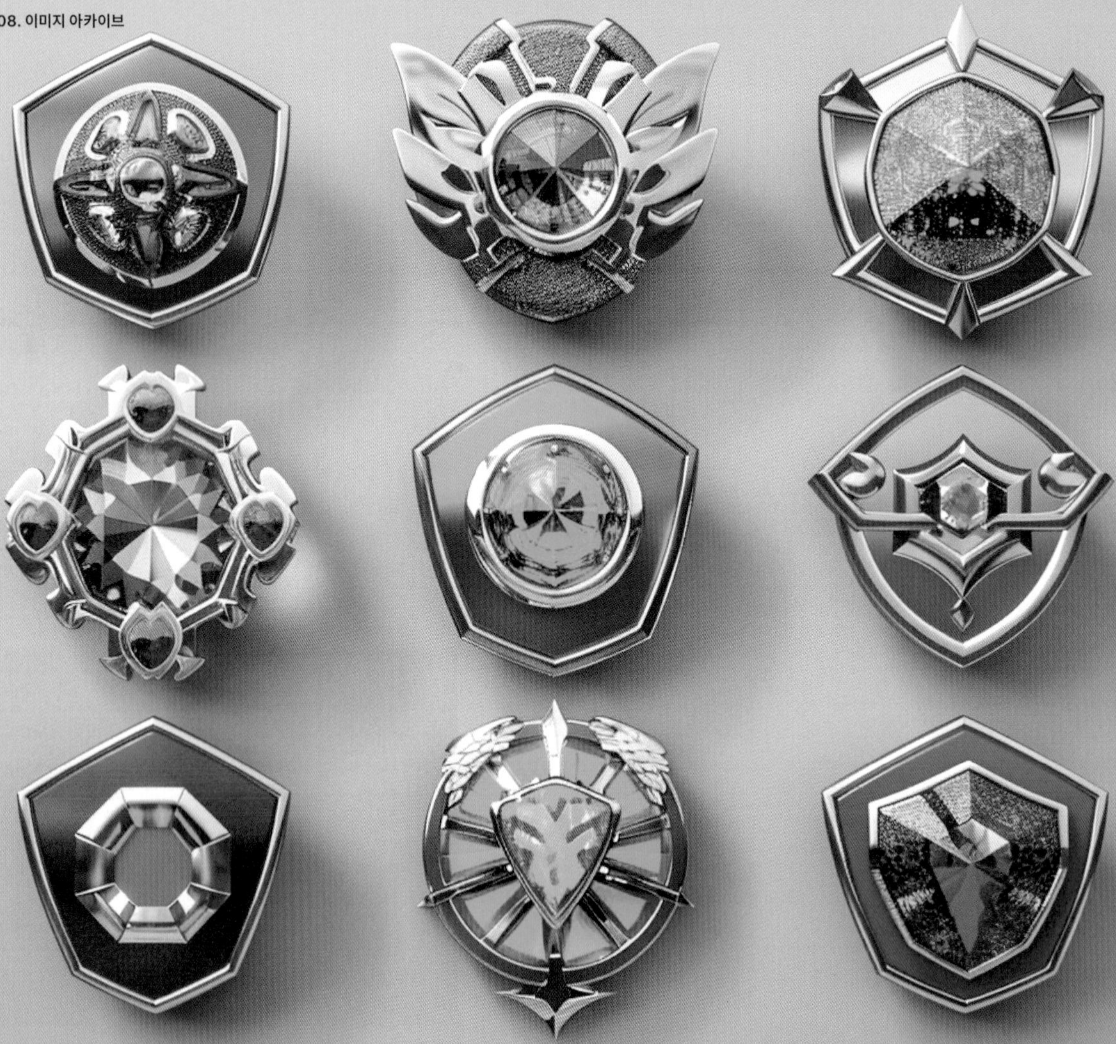

프롬프트

Mission Accomplishment Badges With Gems For Game Graphics, 3D Graphic, Various
Forms, Colorful, Vray, Simple

프롬프트 번역

게임 그래픽 스타일의 보석이 있는 미션 달성 배지, 3D 그래픽, 다양한 형태, 컬러풀, 브이레이, 단순한

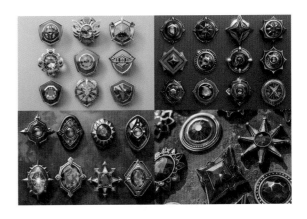

프롬프트

3D Infographic Design Of Nature Concepts For Eco—Friendly Products, Data Visualization,
Dark Beige And Green, Style Of Advertising—Inspired, Website Design

프롬프트 번역

친환경 제품에 대한 자연 컨셉의 3D 인포그래픽 디자인, 데이터 시각화, 어두운 베이지와 초록색,
광고 디자인에 영감을 받은 스타일, 웹사이트 디자인

프롬프트

3D Map To A Mall, Grid And Measurement, Minimalism, Contemporary Design, Urban Style

프롬프트 번역

3D 쇼핑몰 맵, 그리드와 측정, 미니멀리즘, 현대적인 디자인, 도시적인 스타일

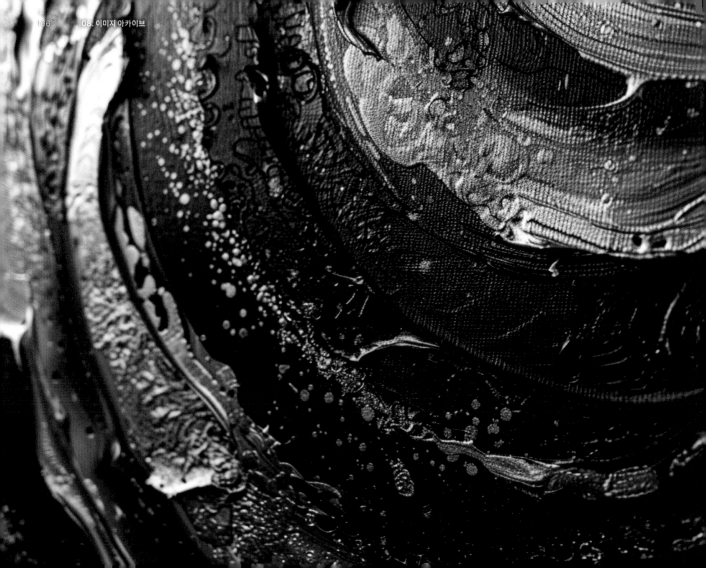

프롬프트

Abstract Oil Paint Paintings, Gold And Black, Soft Texture, Holographic, Fluid

프롬프트 번역

추상적인 오일 페인트 그림, 골드와 블랙, 소프트한 질감, 홀로그래픽, 유동적인

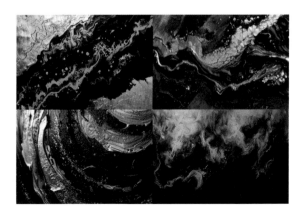

05. 건축물

프롬프트

Architecture Fin Art Gallery In Siberia, Cubist Multifaceted Angles, Norwegian Nature, Coastal Landscapes, In The Style Of Conceptual Minimalist Sculpture, Vray Tracing, Matte Photo, Design And Architecture Study

프롬프트 번역

시베리아에 있는 핀 아트 갤러리 건축, 입체파 다면각, 노르웨이 자연, 해안의 경관, 개념적 미니멀리즘 조각 스타일, 브이레이 트레이싱, 매트한 질감의 사진, 디자인과 건축 스터디

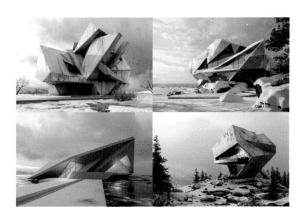

프롬프트

An Exterior View Of An Unusual Building Design, Precise Geometry, In The Style Of Kazuki Takamatsu, Shwedoff, Monochromatic Scheme, Loose Forms, Asymmetrical Balance

프롬프트 번역

특이한 건축디자인의 외관도, 정밀한 기하학, 타카마츠 카즈키의 스타일, 슈웨도프 스타일, 단색 체계, 느슨한 형태, 비대칭 균형

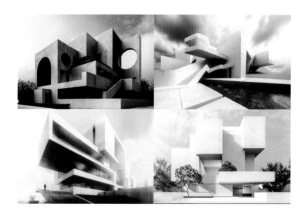

프롬프트

A Round-Shaped Bauhaus Building, Zaha Hadid, Metallic Rotation, Lighthearted
Atmosphere, Unconventional Use Of Space, Whimsical, Translucent Layers, Eye-Catching
Detail

프롬프트 번역

둥근 형태의 바우하우스 건축물, 자하 하디드, 금속 회전, 경쾌한 분위기, 파격적인 공간 활용, 변덕스러운,
반투명 레이어, 시선을 사로잡는 디테일

프롬프트

A Concrete Hallway Leading Into A House, Edogawa Ranpo, Rectangular Fields, Orthogonal,
Dark Silver And Green

프롬프트 번역

주택으로 이어지는 콘그리트 복도, 에도기와 란포 스타일, 직사각형 필드, 직각의, 다크 실버와 그린

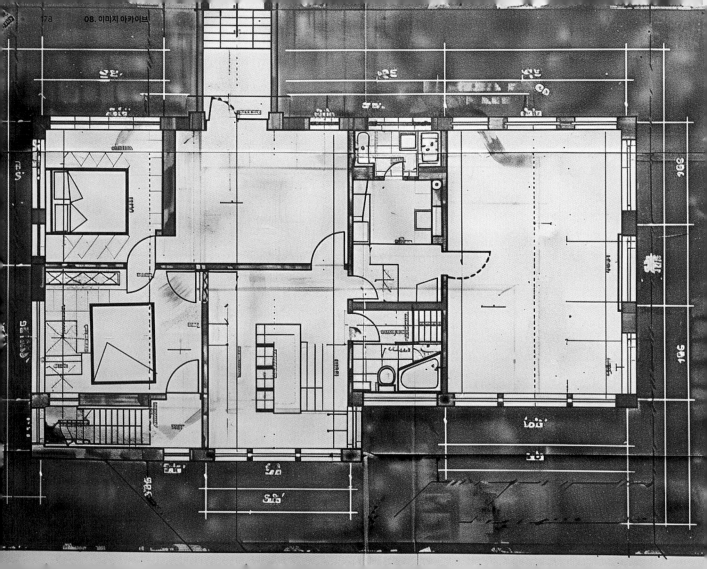

프롬프트

Flat Clean Detailed Floorplan Blueprint Of The Interior Structure Of A Typical Dutch House
With Measurements, In The Style Of Organic Architecture, Neo-Academism

프롬프트 번역

일반적인 네덜란드 주택의 평면 상세 평면도 설계도, 유기건축 스타일, 신학파

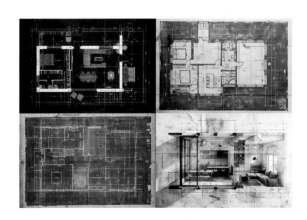

저자 소개

박승배(Park Seung Bae)

박승배 교수는 현재 서울과학기술대학교 디자인학과 시각디자인프로그램 교수다. 미국 Academy of Art University에서 New Media 석사를 취득하였고 홍익대학교 영상학과에서 박사학위를 취득하였다. ㈜제일기획에서 제작본부와 인터넷비즈니스팀에서 근무하였으며 현대카드에서 광고를 담당하였고 미국 RBG marketing에서 아트디렉터를 역임하였다. 학교 임용 전 디자인컨설팅회사와 온라인마케팅회사 등을 연쇄 창업하였고 2017년 국내 최초 AI 디자인 스타트업 브랜뉴테크를 창업하였다. 한국브랜드디자인학회 부회장, 한국 서비스디자인학회 부회장, 한국광고PR실학회 이사로 봉사하고 있으며 주요 저서로는 『이노베이티브 광고』(공저, 도서출판대가, 2016), 『트리플미디어 마케팅과 광고기획』(공저, 중앙북스, 2016) 등이 있다.

전진성(Jeon Jin Seong)

전진성은 서울과학기술대학교에서 시각디자인학을 전공하였다. 2022년 스테이블 디퓨전(Stable Diffusion)이 출시되면서 생성형 인공지능을 통한 이미지 생성 기술을 접해 현재는 미드저니와 Dall-E, Gen-2 등의 다양한 Gen-AI 서비스를 사용하고 있으며, 이와 다른 분야의 생성형 인공지능 기술(예: Chat GPT, Eleven Labs 등)과 접목하여 기존의 미디어에 새로운 방식의 디자인 프로세스를 적용하는 방법을 연구 중이다. 또한, 생성형 인공지능 기술의 보편화를 위한 AI 이미지 아카이브 및 커뮤니티 서비스인 'SERP'를 시험 제작하는 등, 기존의 사용자에게 익숙한 방식의 UX를 활용하여 모두가 생성형 인공지능을 부담 없이 사용할 수 있는 방법을 연구하고 있다.

쉽게 배우는
미드저니 프롬프트 가이드북
A Guide to Midjourney Prompts with Examples

2024년 8월 10일 1판 1쇄 인쇄
2024년 8월 20일 1판 1쇄 발행

지은이 • 박승배 · 전진성
펴낸이 • 김진환
펴낸곳 • **학지사비즈**
　　　　04031 서울특별시 마포구 양화로 15길 20 마인드월드빌딩
대표전화 • 02)330-5114　　팩스 • 02)324-2345
등록번호 • 제2023-000041호

홈페이지 • http://www.hakjisa.co.kr
인스타그램 • https://www.instagram.com/hakjisabook

ISBN 979-11-93667-06-4 00320

정가 15,000원

출판미디어기업 학지사

간호보건의학출판 **학지사메디컬** www.hakjisamd.co.kr
심리검사연구소 **인싸이트** www.inpsyt.co.kr
학술논문서비스 **뉴논문** www.newnonmun.com
교육연수원 **카운피아** www.counpia.com
대학교재전자책플랫폼 **캠퍼스북** www.campusbook.co.kr